DAS GROßE BUCH DER
Bibelspiele

200 TOLLE IDEEN

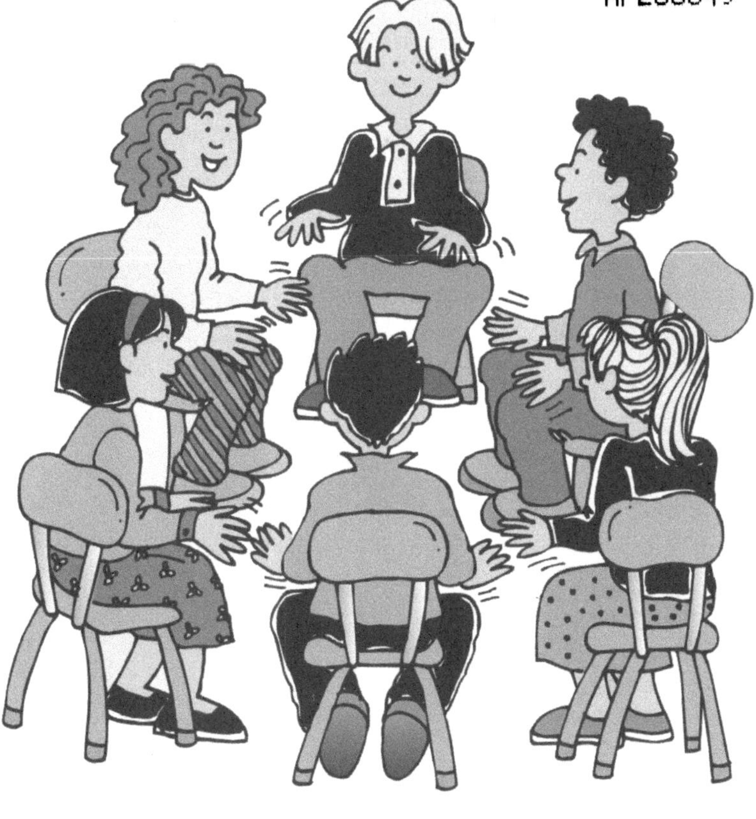

Hinweise zum Kopierschutz

Unter folgenden Voraussetzungen kann der Käufer und Nutzer dieses Buches Teile oder einzelne Seiten daraus kopieren:

○ wenn er selbst dieses Buch auf den üblichen Wegen (z. B. Buchhandlung, Versandbuchhandel, Büchertisch usw.) unter Beachtung der Preisbindung käuflich erworben hat,

○ wenn er die Kopien zu einem nicht kommerziellen Zweck ausschließlich zu privaten Zwecken oder innerhalb der Mitarbeit in der eigenen Gemeinde oder Kirche verwenden will.

In allen anderen Fällen dürfen keine Kopien im Ganzen oder von Teilen dieses Buches angefertigt werden.

Keine Seite dieses Buches darf als Ganzes oder in Teilen für einen kommerziellen Zweck, zur Bewerbung oder zum Verkauf anderer kommerzieller Produkte fotokopiert oder auf sonstige Weise übertragen werden. Eine Weitergabe des Materials in diesem Buch über die eigene Gemeinde oder Organisation hinaus ohne regulären Erwerb des Buches ist untersagt.

Eine Erstellung von Kopien unter den o. a. Voraussetzungen darf nur mit dem entsprechenden Zusatz des Copyright-Vermerks erfolgen:

Das Große Buch der Bibelspiele, © 2004, Christliche Verlagsgesellschaft, Dillenburg.

MIX
Papier | Fördert
gute Waldnutzung
FSC® C083411

Das große Buch der Bibelspiele
200 tolle Ideen
Mitarbeiter-Handbuch: zum Lernen und Wiederholen von Bibelversen,
zur Vertiefung und Anwendung der biblischen Geschichte

Best.-Nr. 271709
ISBN 978-3-86353-709-8

Titel des amerikanischen Originals:
The Big Book of Bibel Games
© Copyright 1996 Gospel Light
Ventura, CA 93006 U.S.A.
All rights reserved. Translated by permission.

7. Auflage 2026
© Copyright 2004 der deutschen Ausgabe:
Christliche Verlagsgesellschaft mbH
Am Güterbahnhof 26 | 35683 Dillenburg
info@cv-dillenburg.de

Übersetzung: Sara Lisa Beimdieke, Herborn
Bearbeitung und Lektorat: Ulrike Klimek, Margitta Paul, Christiane Volkmann
Umschlaggestaltung: Christliche Verlagsgesellschaft mbH
Satz und Bearbeitung der Illustrationen: Günter Seibert, Christliche Verlagsgesellschaft mbH
Umschlagmotiv: © freepik.com (Hintergrund), starline (Banner)

Druck: CPI Books GmbH, Leck
Printed in Germany

Wenn Sie Rechtschreib- oder Zeichensetzungsfehler entdeckt haben,
können Sie uns gern kontaktieren: info@cv-dillenburg.de

Inhaltsverzeichnis

Spiele für Kinder von 6 bis 7 Jahren

Spiele für Kinder von 8 bis 9 Jahren

Inhaltsverzeichnis

Spiele für Kinder von 10 bis 12 Jahren

Spiele für Kinder von 6 bis 7 Jahren

**Nr.
1**

Hochhausfensterputzen

Material-Checkliste

○ Kreide und Tafel oder Plakatkarton (Tapetenrolle) und dicken Edding

○ Papier

○ Stift

Vorbereitung

Formulieren Sie zu jeder Person der biblischen Geschichte einen typischen Satz auf einem Blatt Papier. Es kann sich um Taten oder auch Zitate handeln.

Beispiel:

Sie und ihre Familie zogen in ein neues Land. (Noomi)

Sie sagte: »Dein Volk sei mein Volk! Mein Gott soll dein Gott sein.« (Ruth)

Malen Sie auf die Tafel oder auf das Plakatpapier zwei Hochhäuser mit vielen Fenstern (Abb. a).

Spielablauf

Teilen Sie die Gruppe in zwei Mannschaften und gehen Sie nochmals die Personen durch, die in der biblischen Geschichte dieser Stunde vorkamen. Die Teams nehmen nun gegenüber der Tafel oder dem Plakat Aufstellung. Der Mitarbeiter stellt sich in die Mitte und liest den ersten Satz vor. Dann beginnt die erste Mannschaft mit dem Raten der gesuchten Person. Wenn der richtige Name erraten wurde, kann der erste Spieler ein Fenster seines Hochhauses »putzen«, indem er es mit Kreide oder einem Stift ausmalt (Abb. b). Fahren Sie fort und lesen Sie den Satz für die zweite Mannschaft vor. Wenn diese Mannschaft die Antwort nicht weiß, dürfen die anderen versuchen, die Lösung zu finden.

Das Team, das die meisten Fenster »putzen« konnte, gewinnt. Wenn noch genügend Zeit ist, spielen Sie dieses Spiel ein zweites Mal und verwenden dieselben Aussagen, damit diese sich festigen.

a)

b)

Trauben-Reben-Spiel

Material-Checkliste

- ◯ Kärtchen
- ◯ Stift
- ◯ dicker grüner Faden

Vorbereitung

Wählen Sie eine biblische Geschichte aus, die die Kinder in letzter Zeit gehört haben. Schreiben Sie auf jedes Kärtchen eine richtige oder falsche Aussage, die mit dem Inhalt der Geschichte zu tun hat.

Beispiele: richtig oder falsch?

- Jesus wurde in einem Haus geboren. (falsch)
- Maria war Jesu Mutter. (richtig)
- Gott ist der wahre Vater von Jesus. (r)
- Als Jesus erwachsen war, wurde er Arzt. (f)
- Jesus erzählte den Menschen von Gottes Liebe. (r)
- Jesus heilte kranke und verkrüppelte Menschen. (r)
- Jeder mochte Jesus. (f)
- Jesus starb am Kreuz (r)
- Jesu Auferstehung geschah nach fünf Tagen. (f)

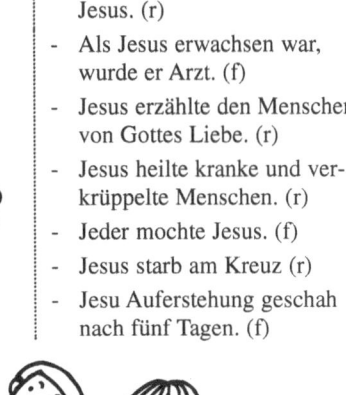

Spielablauf

Der Mitarbeiter hält die Schnur fest und erklärt: »*Wir tun so, als wäre der Faden eine Weinrebe. Wenn ihr die Fragen zu der biblischen Geschichte richtig beantwortet, dürft ihr eine Weintraube an dieser Rebe werden.*«

Die Kinder sitzen in einem Kreis auf dem Boden. Stapeln Sie die Kärtchen in der Mitte des Kreises. Der Mitarbeiter geht mit dem Faden in der Hand um den Kreis herum, tippt einem Kind auf die Schulter und fragt: »*Möchtest du ein Teil unserer Rebe sein? Dann komm in unseren Kreis herein.*«

Das Kind nimmt sich ein Kärtchen vom Stapel, liest den Satz vor und sagt »richtig« oder »falsch«. Wenn es nicht richtig antwortet, muss es sich in den Kreis zurücksetzen.

Wenn es richtig antwortet, darf es sich am Faden festhalten und wird zu einer Traube an der Rebe. Der Gruppenleiter läuft nun mit dem Kind abermals um den Kreis herum. Die neue Traube tippt ein anderes Kind an und alle anderen Trauben wiederholen: »*Möchtest du ein Teil unserer Rebe sein? Dann komm in unseren Kreis herein.*«

Fahren Sie mit dem Spiel fort, bis alle Kinder die Gelegenheit hatten, sich der Weinrebe anzuschließen.

Rösten am Lagerfeuer

Material-Checkliste

- ○ CD und CD-Player
- ○ Papier
- ○ Stift
- ○ Bratpfanne oder Topf
- ○ Stock
- ○ Holz für »Lagerfeuer«
- ○ Marshmallows, eins für jedes Kind und Vorrat

Vorbereitung

Erstellen Sie eine Liste von Fragen, die sich auf die Anwendung der biblischen Geschichte auf den Alltag der Kinder beziehen.

Beispiel:

- Wie können wir unsere Freunde aussuchen?
- Was macht einen guten Freund aus?
- Was geschieht, wenn man nicht genau überlegt?
- Wie kann man freundlich zu seinen Freunden / zu seiner Mutter / zu seinen Geschwistern sein?

Stapeln Sie das Holz zu einem »Lagerfeuer« auf. Befestigen Sie einen der Marshmallows am Ende des Stockes.

Legen Sie die restlichen Marshmallows in die Bratpfanne und stellen Sie diese auf das »Feuer«.

Spielablauf

Die Kinder sitzen in einem Kreis um das »Lagerfeuer« herum. Solange die CD spielt, reichen die Kinder den Stock mit dem Marshmallow im Kreis herum. Sobald die Musik unterbrochen wird, muss das Kind, das gerade im Besitz des Stockes ist, die Frage des Mitarbeiters beantworten. Wenn das Kind richtig antwortet, darf es einen Marshmallow aus der Pfanne nehmen und essen. Fahren Sie mit dem Spiel fort, bis jedes der Kinder einen Marshmallow essen konnte.

Flusskampf-Spiel

Material-Checkliste

○ ein großer Schwimmreifen oder Fahrradschlauch

○ Klebeband

○ 8-10 Kärtchen

Vorbereitung

Schreiben Sie eine einfache Frage zur Geschichte dieser Stunde auf jedes Kärtchen. Verteilen Sie diese umgekehrt auf einem Tisch. Um einen Fluss anzudeuten, markieren Sie mit Klebeband zwei parallele Linien im Abstand von ca. 2,50 Metern auf dem Boden (Abb. a). Der Reifen oder Schlauch kommt in die Mitte des Flusses.

Spielablauf

Teilen Sie die Gruppe in zwei Mannschaften. Diese sollen sich an den beiden entgegengesetzten »Flussufern« aufstellen. Suchen Sie zunächst das größte Kind aus jeder Mannschaft aus. Die beiden Spieler stellen sich mit dem Rücken zueinander in den Reifen (Abb. b), schauen aber ihre Mannschaft an. Auf ein Startzeichen hin, versuchen die beiden, den anderen ins eigene Team zu ziehen. Der Gewinner darf zum Fragentisch gehen und befragt seine Mannschaft. Wenn das Team richtig antwortet, muss der Spieler des gegnerischen Teams zu dieser Mannschaft wechseln. Wenn sie aber falsch antworten, darf er wieder zu seinem ursprünglichen Team zurückgehen. Beenden Sie das Spiel erst, wenn alle Fragen gestellt wurden. Die Mannschaft mit den meisten Spielern hat gewonnen.

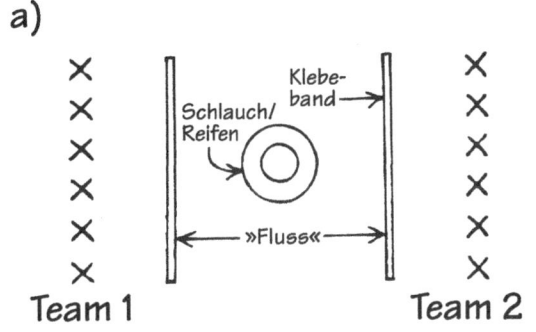

a)

Team 1   Team 2

b)

Nr. 5

Wer ist im Zelt?

Material-Checkliste

- ○ Bibel
- ○ kleines Zelt oder Strand-muschel
- ○ 15-18 große Karten
- ○ OHP und Folie, Tafel oder Plakat
- ○ Stift oder Kreide

Vorbereitung

Stellen Sie das Zelt / die Strand-muschel im Raum auf. Schrei-ben Sie zwei oder drei »Ich-bin-...«-Sätze einer bestimmten Person aus der Bibel auf die Karte (siehe Abb.)

Beispiel: Wer bin ich?
1. Ich bin ein Jünger.
2. Ich liebe Geld.
3. Ich habe Jesus geküsst.
   (Judas)

Jede weitere Frage sollte mehr über die Person preisgeben. Erstellen Sie so viele Karten für die Personen der biblischen Geschichte, wie möglich sind. Schreiben Sie die Antwort an das untere Ende der Karte.

Spielablauf

Teilen Sie die Gruppe in zwei Mannschaften. Ein Freiwilliger vom ersten Team zieht eine Karte vom Stapel und setzt sich in das Zelt. Der Spieler liest den ersten »Ich bin ...«-Satz laut vor. Sein Team versucht, die Person zu erraten. Wenn die Antwort richtig ist, bekommt diese Mannschaft drei Punkte. Wenn sie falsch ist, wird der zweite Satz vorgelesen. Ist die Antwort richtig, erhält die Mannschaft jetzt zwei Punkte. Ist die Ant-wort immer noch falsch, wird der dritte Satz gelesen. Für die richtige Antwort bekommt das Team nur noch einen Punkt.

Ist sie immer noch falsch, darf ein Freiwilliger aus dem zweiten Team sie beantworten, wofür seine Mannschaft einen Punkt erhält.

Notieren Sie die Punkte für die Kinder gut sichtbar. Nun ist das zweite Team an der Reihe. Suchen Sie einen Freiwilligen, der sich ins Zelt setzt und die Fragen vorliest.

Fahren Sie fort, bis alle Perso-nen erraten sind. Das Team mit den meisten Punkten gewinnt.

Hinweis: Der Mitarbeiter sollte den Schulanfängern beim Vor-lesen der Fragen helfen.

---

1. Ich bin ein Jünger. Wer bin ich?

2. Ich liebe Geld. Wer bin ich?

3. Ich habe Jesus geküsst. Wer bin ich?

(Judas)

Ab geht die Post

Material-Checkliste

- ◯ Bibel
- ◯ Umschläge
- ◯ Karten
- ◯ Stift
- ◯ Augenbinde
- ◯ ein Stuhl pro Kind

Vorbereitung

Verwenden Sie pro Kind eine Karte und beschriften diese mit einer Frage zur behandelten biblischen Geschichte (Abb.). Jede Karte kommt in einen Umschlag. Die Stühle werden in zwei gegenüberliegenden Reihen aufgestellt.

Spielablauf

Sitzen die Kinder auf den Stühlen, bekommt jedes Kind einen Umschlag. Dem Mitarbeiter werden nun die Augen verbunden, er stellt sich zwischen den beiden Stuhlreihen auf. Er ruft ein Kind aus Reihe A auf und bittet es, zu einem Kind aus Reihe B zu gehen, um dort den Umschlag abzugeben. Das Kind versucht nun, den Brief zu überbringen, ohne vom Mitarbeiter abgeschlagen zu werden. Wenn es abgeschlagen wird, muss es den Brief öffnen und versuchen, die Frage zu beantworten. Konnte der Brief hingegen erfolgreich überbracht werden, muss der Empfänger die Frage vorlesen und ein Freiwilliger darf sie beantworten.
Fahren Sie mit dem Spiel fort, bis alle Umschläge übergeben und alle Fragen richtig beantwortet wurden.

Was war Paulus wichtig, bevor er Jesus begegnete?	Was sah Paulus auf der Straße nach Damaskus?	Wer half Paulus?

←Reihe A   Reihe B→

6-7 Jahre
Wiederholung biblischer Geschichten

Musikalische Hüte

Material-Checkliste

- ○ CD und CD-Player
- ○ Papierstreifen
- ○ Stifte
- ○ Stecknadeln
- ○ Klebeband
- ○ Stühle
- ○ einen Hut für jedes Kind

Vorbereitung

Schreiben Sie auf jeden Papierstreifen den Namen einer Person aus der biblischen Geschichte. (Sie können bei Bedarf auch Namen doppelt verwenden.) Befestigen Sie jeweils einen Papierstreifen mit einer Stecknadel an einem Hut (Abb.)

Spielablauf

Die Kinder sitzen auf Stühlen in einem Kreis. Der Mitarbeiter spielt die Musik ein, während die Kinder sich die Hüte im Kreis herumreichen. Sobald die Musik unterbrochen wird, setzen sich die Kinder den Hut auf, den sie gerade in der Hand halten. Daraufhin schließt der Mitarbeiter seine Augen, dreht sich in der Mitte des Kreises um die eigene Achse, stoppt und zeigt auf einen Spieler. Dieser muss nun den anderen etwas über die Person erzählen, deren Name auf seinem Hut steht. Fahren Sie damit fort, bis jedes Kind an der Reihe war. Es dürfen keine Personenmerkmale doppelt genannt werden.

Reicht das Mikrophon weiter

Material-Checkliste

○ Kassettenrekorder

○ unbespielte Kassette

○ Mikrophon

○ Stoppuhr

Vorbereitung

Keine

Spielablauf

Die Kinder erzählen nacheinander jeweils 30 Sekunden lang einen Teil der biblischen Geschichte auf Kassette. Jeweils nach 30 Sekunden, wird das Mikrophon weitergegeben. Zum Schluss hören Sie sich gemeinsam die Kassette an.

Nr. 9

Heiße Kartoffel

Material-Checkliste

O CD und CD-Player

O Stift

O Kartoffel

O Kärtchen für jedes Kind

Vorbereitung

Schreiben Sie auf jedes Kärtchen eine Frage zur biblischen Geschichte dieser Stunde.

Beispiele:

- Wer ist Gottes Sohn?
- Wer sagte den Menschen, dass sie sich für Gottes Sohn bereitmachen sollten?
- Wo hat Johannes Jesus getauft?

Spielablauf

Die Kinder sollen sich in einem Kreis auf den Boden setzen. Während die Musik spielt, geben sie die Kartoffel herum. Wenn die Musik stoppt, muss das Kind, das gerade die Kartoffel hält, eine Karte ziehen und die Frage laut vorlesen. Wenn das Kind die Frage nicht beantworten kann, darf es ein anderes Kind um Hilfe bitten. Fahren Sie mit dem Spiel fort, bis jedes Kind eine Frage beantwortet hat.

Wer ist Gottes Sohn?

Wo hat Johannes Jesus getauft?

Wer sagte den Menschen, dass sie sich für Gottes Sohn bereitmachen sollten?

Kartoffel weiterreichen

Material-Checkliste

- Kartoffel
- CD mit flotter Kindermusik
- CD-Player
- Karton
- Flanell- oder Papierbilder von Figuren aus biblischen Geschichten
- Stühle

Vorbereitung

Stellen Sie die Stühle in einen Kreis und legen Sie die Bilder in einen Karton.

Spielablauf

Die Kinder sitzen auf Stühlen im Kreis. Der Mitarbeiter spielt die Musik ein, während die Kinder die Kartoffel herumreichen. Sobald die Musik angehalten wird, nimmt derjenige, der die Kartoffel in der Hand hat, ein Bild aus dem Karton und erzählt den anderen etwas darüber.

Es ist auch möglich, den Kindern alternativ Wiederholungsfragen zu stellen.

Beispiel:
- Wer ist diese Person?
- Wo ist er hingegangen?
- Warum hat er sich entschieden, zurück nach Hause zu gehen?
- Wie glaubst du, hat er sich gefühlt, als er seinen Vater gesehen hat?

6-7 Jahre

Wiederholung biblischer Geschichten

Szenen nachspielen

Material-Checkliste

O Karton

O Pappschilder

O Locher

O Kordel

O Stifte

Vorbereitung

Schreiben Sie auf jedes Pappschild eine Person aus der biblischen Geschichte dieser Stunde. Benutzen Sie auch die Begriffe »Mann«, »Frau«, »Junge« und »Mädchen« für eine Szene mit einer Menschenmenge (für jedes Kind ein Pappschild).

Lochen Sie das Schild und ziehen Sie die Kordel durch, so dass man es um den Hals tragen kann. Die fertigen Pappschilder kommen in den Karton. Teilen Sie den biblischen Bericht in spielbare Szenen ein.

Beispiele:

- Jesus besucht Martha u. Maria

- Lazarus wird krank und stirbt

- Eine Nachricht wird an Jesus überbracht

- Jesus eilt zur Hilfe

- Lazarus wird wieder lebendig

Spielablauf

Jedes Kind nimmt sich ein Schild und hängt es sich um. Anschließend spielen sie die Rollen, die sie durch die Schilder erhalten haben.

Kündigen Sie jede Szene und die vorkommenden Darsteller an.

Wenn nötig, geben Sie den Kindern Impulse, indem Sie ihnen Fragen stellen, zum Beispiel:

- Was glaubst du, hat Jesus zu Maria und den Jüngern gesagt?

- Wie haben sich die Leute gefühlt, als Lazarus gestorben ist?

- Wie kann man die Trauer ausdrücken?

Machen Sie deutlich, wann eine Szene zu Ende ist. Sobald das ganze Stück gespielt ist, fragen Sie die kleinen »Schauspieler« zum Beispiel:

- Maria, wie hast du dich gefühlt, als Jesus euch besucht hat?

- Martha, was hast du gedacht, als du gekocht hast und Maria dir nicht geholfen hat?

Personen an der Wäscheleine

Material-Checkliste

- ○ Wäscheklammern
- ○ Einmachglas
- ○ Pappe
- ○ Stift
- ○ Stuhl
- ○ Wäscheleine oder Schnur

Vorbereitung

Schneiden Sie aus der Pappe vier bis sechs große Wimpel aus. Schreiben Sie auf jeden Wimpel eine biblische Hauptperson (Abb.). Befestigen Sie die Wäscheleine im Raum. Hängen Sie die Wimpel mit mehreren Wäscheklammern an der Leine auf. Stellen Sie den Stuhl und das Einmachglas in die Nähe der Wäscheleine.

Spielablauf

Fragen Sie: »*Was wisst ihr über Abraham?*« Ein Freiwilliger nennt etwas aus dem Leben Abrahams und nimmt eine Wäscheklammer vom Wimpel.

Beispiele:

- Abraham lebte zur Zeit des Alten Testamentes.
- Gott versprach ihm viele Enkel.
- Abrahams Frau hieß Sara.
- Abraham hatte einen kleinen Sohn und nannte ihn Isaak.

Das Kind kniet sich danach auf den Stuhl und wirft die Wäscheklammer in das Einmachglas. Die Kinder dürfen nun abwechselnd einen Satz über eine der Personen der Geschichte sagen und die Wäscheklammer ins Glas werfen, bis alle Klammern von dem Wimpel entfernt sind und er abgehängt wird.

6-7 Jahre
Lernen und Wiederholen von Bibelversen

Nr. 13

Denkmäler

Material-Checkliste

○ Karten
○ Stift
○ zwei Rollen Klebeband
○ Stoppuhr

Vorbereitung

Zum Wiederholen eines Bibelverses malen Sie ein einfaches Hühnchen oder Küken auf Karten. Schreiben Sie jeweils einige Worte des Bibelverses hinein (Abb. a). Erstellen sie zwei Sets.

Spielablauf

Teilen Sie die Gruppe in zwei Mannschaften. Geben Sie jedem Team ein Set der Karten und eine Rolle Klebeband. Lassen Sie jede Gruppe ein Kind auswählen, das ein Denkmal sein soll. Wenn der Vers sehr lang ist, sollten zwei Denkmäler bestimmt werden. Die betreffenden Kinder halten die Arme ausgestreckt, während die Mannschaften versuchen, den Bibelvers in der richtigen Reihenfolge an die Arme zu kleben (Abb. b).

Stoppen Sie bei beiden Mannschaften die Zeit. Das Team, welches zuerst die richtige Reihenfolge des Bibelverses gefunden hat, gewinnt. Wiederholen Sie dies einige Male, um zu sehen, ob die Gruppen ihre Zeit verbessern können.

Sprechen Sie mit den Kindern über den Vers, z.B. mit folgenden Fragen:

- Wie können wir diesen Vers in unserem Leben umsetzen?
- Welche Person in dieser Geschichte zeigte Ehrfurcht, Angst, Trauer, Freude ...?

b)

a)

Ehre deinen

Hundefänger

Material-Checkliste

○ breites Kreppband
○ blauen und roten Filzstift
○ Schere

Vorbereitung

Schreiben Sie den Bibelvers einmal mit blauem und einmal mit rotem Stift auf breites Kreppband. Teilen Sie den Vers in kurze Teilaussagen ein (Abb. a) und schneiden Sie diese auseinander.

Spielablauf

Das Spiel wird draußen oder in einem großen Raum gespielt, wo die Kinder Platz zum Rennen haben. Teilen Sie die Gruppe in ein rotes und ein blaues Team ein. Wählen Sie pro Team einen Freiwilligen aus, der ein Hundefänger sein soll.

Das rote Team klebt sich die roten Bibelversteile auf seine T-Shirts oder Pullover und das blaue Team die blauen Versteile (Abb. b). Die Spieler sind nun alle entlaufene Hunde und die Hundefänger müssen versuchen, jeweils die Hunde des anderen Teams zu fangen (abzuschlagen).

Kennzeichnen Sie zwei Orte als Hundehütten, zu denen die Hunde hinlaufen müssen, die der Hundefänger abgeschlagen hat. Das Team gewinnt, dessen Hundefänger es als Erstes schafft, die Hunde des gegnerischen Teams zu fangen und sie in der richtigen Reihenfolge aufzustellen.

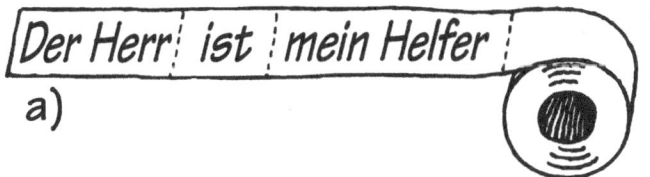

Der Herr ist mein Helfer

a)

b)

Der Herr

6-7 Jahre
Lernen und Wiederholen von Bibelversen

Nr. 15

Hoppla

Material-Checkliste

○ Bibel
○ CD und CD-Player
○ Karte für jedes Kind
○ Filzstift

Vorbereitung

Teilen Sie die Karten in zwei gleich große Stapel: A und B. Schreiben Sie auf jede Karte des Stapels A den ganzen Bibelvers, aber lassen Sie jedes Mal ein anderes Wort aus. Das fehlende Wort schreiben Sie auf eine Karte des Stapels B. Mischen Sie jeden Stapel separat.

Spielablauf

Teilen Sie die Gruppe in zwei Mannschaften: A und B. Die Teams stellen sich in einem Abstand von ungefähr 3 Metern gegenüber auf. Geben Sie jedem Spieler von Team A eine Karte vom Stapel A, jedem Spieler von Team B eine Karte vom Stapel B. Der Mitarbeiter bittet das erste Kind von A vorzutreten, seinen Vers vorzulesen und anstatt des fehlenden Wortes

»hoppla« zu sagen. Derjenige von Team B, der glaubt, das fehlende Wort in seiner Hand zu halten, darf vortreten und es laut sagen. Wenn dies falsch ist, muss er zurück in seine Reihe. Fahren Sie fort, bis das richtige Wort gefunden ist.

Wenn es gefunden wurde, wird ein Lied (Musikstück) von der CD abgespielt. Die beiden Spieler verschränken ihre Arme ineinander und tanzen miteinander im Kreis, während die anderen klatschen. Wenn die Musik stoppt, laufen die beiden schnell zum Anfang ihrer Reihe und dann im Slalom um ihre Gruppenmitglieder herum. Diese haben ihre Hände an den Hüften. Die Gruppe setzt sich auf den Boden, sobald der Läufer das Ende der Reihe erreicht hat. Die Mannschaft, die als Erste sitzt, bekommt einen Punkt.

Das Spiel endet, wenn alle Karten von A ihren Partner in B gefunden haben. Das Team mit den meisten Punkten gewinnt.

Lernen und Wiederholen von Bibelversen

Kuhstall-Wettrennen

Material-Checkliste

- ○ Karte für jedes Kind
- ○ Stift
- ○ wenn möglich Tieraufkleber

Vorbereitung

Teilen Sie den Vers in einzelne Abschnitte von zwei oder drei Wörtern ein. Schreiben Sie jeden Versabschnitt auf eine einzelne Karte. Erstellen Sie davon drei Sets. Nun malen Sie ein Schaf auf jede Karte des ersten Sets, ein Schwein, auf jede Karte des zweiten und eine Kuh auf jede des dritten Sets. (Sie können anstatt zu malen auch Tieraufkleber benutzen.) Mischen Sie die Karten.

Spielablauf

Geben Sie jedem Kind eine Karte und lassen Sie ihm ein wenig Zeit, sich damit zu befassen. Wenn der Mitarbeiter ein Zeichen gibt, gehen die Kinder durch den Raum und imitieren die Stimme des Tieres, das auf ihrer Karte zu sehen ist. Alle achten jetzt genau auf die Laute, um die Tiere der eigenen Gruppe zu finden. Wenn sich eine Gruppe gefunden hat, stellt sie sich in der richtigen Reihenfolge des Verses auf und hält ihre Karten hoch. Nun imitiert die ganze Gruppe gleichzeitig ihre Tierstimme als Zeichen, dass sie fertig ist.

Wenn noch genügend Zeit ist, wiederholen Sie das Spiel.

Schaf   Schwein   Kuh

Sei demütig

und sanftmütig

und geduldig

Wer fehlt hier?

Material-Checkliste

○ Karten
○ Locher
○ Scheren
○ Kordel
○ Stift

Vorbereitung

Schreiben Sie den Bibelvers der Stunde auf Karten, immer ein Wort pro Karte. Lochen Sie die Karten und ziehen Sie durch jede eine ca. 60 cm lange Kordel hindurch, die am Ende verknotet wird.

Spielablauf

Wählen Sie nun Kinder aus, die die Verskarten um ihren Hals tragen. Diese stellen sich so vor die Gruppe, dass der Vers in der richtigen Reihenfolge zu lesen ist. Lesen Sie den Vers laut mit den Kindern.

Bitten Sie die Kinder, die Augen zu schließen. Wählen Sie von der Gruppe mit den Verskarten einige Kinder aus, die vor die Tür gehen.

Nun öffnen die übrigen Kinder die Augen und müssen raten, welche Wörter fehlen. Sobald die richtigen Wörter genannt werden, kehren die Kinder in ihre Reihe zurück und alle wiederholen gemeinsam den Vers.

Spielen Sie eine weitere Runde, indem andere Kinder die Verskarten um den Hals tragen.

(Alternativ können die Verskarten auch einfach in den Händen gehalten werden.)

Lernen und Wiederholen von Bibelversen

Den Berg erklettern

Material-Checkliste

- Bibel
- zwei große Bögen Pappe
- Tonkarton
- Kordel
- Scheren
- Stift
- transparentes Klebeband
- Locher
- Spielglocke

Vorbereitung

Stellen Sie Folgendes in doppelter Ausfertigung her: Einen auf Pappe gezeichneten Berg (Abb.), einen Bergsteiger mit Rucksack aus Tonkarton (Abb.).

Am »Gipfel« und am »Fuß« des Berges stechen Sie ein Loch. Fädeln Sie die Kordel durch die Löcher und knoten Sie diese auf der Rückseite zusammen. Mit dem Klebeband wird anschließend der Bergsteiger an der Kordel befestigt. (Wenn man an der Rückseite des Berges an der Kordel zieht, sollte sich der Bergsteiger mitbewegen.)

Schreiben Sie die Zahlen 1-10 parallel zur Kordel (Abb.) auf den Berg. Stellen Sie die Spielglocke auf einen Tisch.

Spielablauf

Teilen Sie die Gruppe in zwei Mannschaften ein. Der erste Spieler jeder Mannschaft tritt nach vorne. Der Mitarbeiter liest den Bibelvers vor und lässt ein Wort aus. Wer meint, das fehlende Wort zu kennen, rennt zur Glocke. Der Spieler, der zuerst klingelt, darf das Wort sagen. Ist die Antwort richtig, wird der Bergsteiger seines Teams zur Zahl 1 hochgezogen. Ist die Antwort falsch, darf der andere Spieler raten.

Fahren Sie mit dem Spiel fort und lassen Sie immer andere Wörter aus, bis einer der Bergsteiger die Nummer 10 erreicht hat.

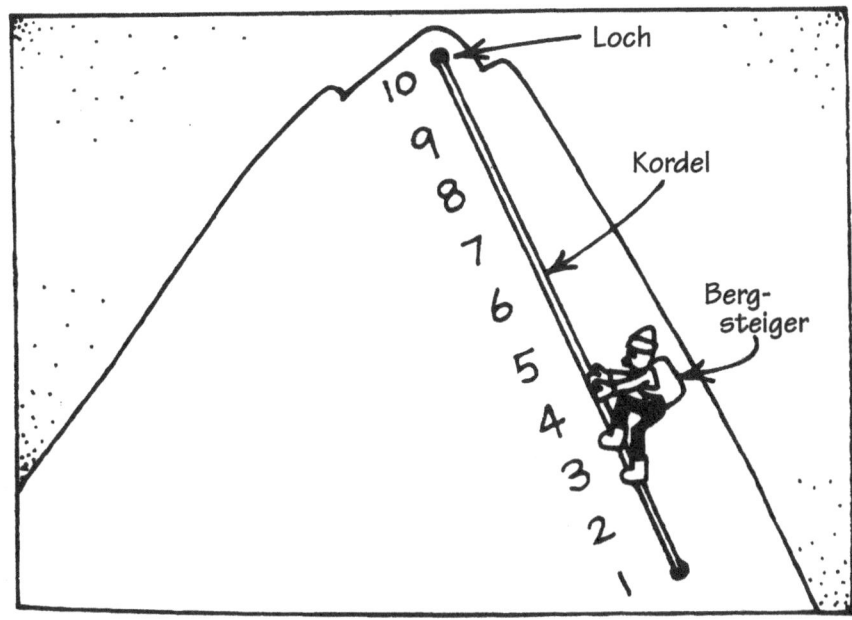

Loch

Kordel

Bergsteiger

Schuh-Mix

Material-Checkliste

○ Bibel
○ 12 Karten
○ Filzstifte

Vorbereitung

Schreiben Sie auf sechs Karten jeweils den ganzen Bibelvers, aber lassen Sie immer ein anderes Wort aus. Fertigen Sie aus den restlichen sechs Karten ein identisches Set an.

Spielablauf

Wiederholen Sie den zu lernenden Bibelvers mit den Kindern. Teilen Sie die Gruppe in zwei Mannschaften ein. Jede Mannschaft zieht ihre Schuhe aus und legt sie auf einen Stapel (Abb.). Beide Gruppen stellen sich hintereinander auf, ihrem Schuhstapel gegenüber. Zwei Mitarbeiter stehen bei den »Schuhstapeln«.

Jeder hält das Set mit den Bibelversen in der Hand. Auf ein Zeichen hin läuft der erste Spieler zu seinem Mitarbeiter. Dieser liest nun den Vers auf der Karte vor und das Kind muss das fehlende Wort erraten. Ist die Antwort richtig ist, darf es einen Schuh vom Stapel nehmen und zu seiner Mannschaft laufen. Der Besitzer dieses Schuhs zieht ihn an. Ist die Antwort falsch, muss der Spieler ohne Schuh zurücklaufen. Der nächste Spieler ist nun an der Reihe und der Mitarbeiter liest die nächste Karte vor. (Die Karteikarten dürfen so oft wie nötig benutzt werden.) Das Spiel ist zu Ende, sobald eine Mannschaft wieder alle Schuhe anhat.

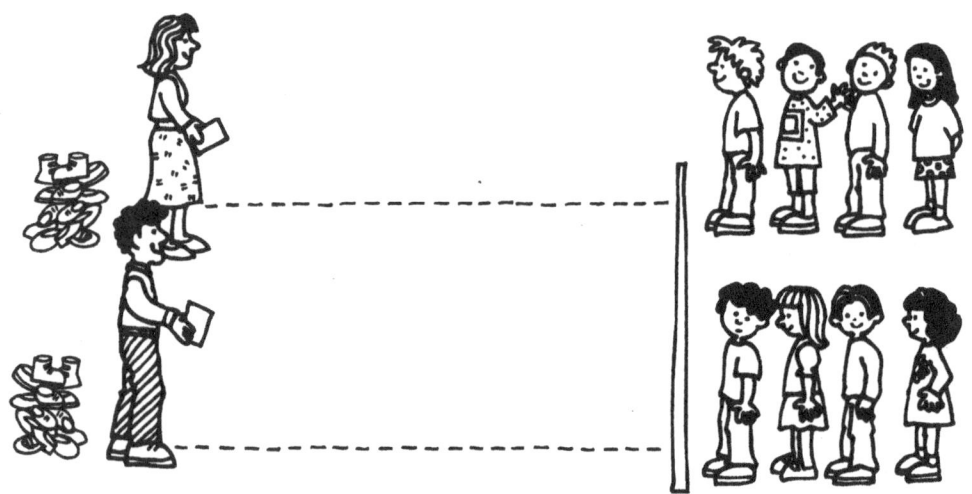

Strohhalm-Wettrennen

Material-Checkliste

- ○ 4 Schüsseln oder Gefäße
- ○ Klebeband
- ○ Papierstreifen
- ○ Stift
- ○ Strohhalm für jedes Kind

Vorbereitung

Schreiben Sie die Wörter des zu lernenden Bibelverses auf Papierstreifen, ein Wort pro Papierstreifen. Erstellen Sie ein weiteres Set davon. Jedes Set kommt in ein eigenes Gefäß. Markieren Sie mit dem Klebeband eine Startlinie und stellen Sie zwei leere Schüsseln davor. In einiger Entfernung stehen die Gefäße mit den Versen.

Spielablauf

Teilen Sie die Gruppe in zwei Mannschaften ein, die sich hinter der Startlinie aufstellen (Abb.). Jedes Kind bekommt einen Strohhalm. Auf ein Startzeichen hin laufen die ersten Spieler zu den Schüsseln mit dem Bibelvers, saugen mit dem Strohhalm einen Papierstreifen an und transportieren ihn so zu der leeren Schüssel.

Nun ist jeweils der Nächste an der Reihe, bis alle Streifen in der Schüssel vor der Startlinie angekommen sind. Die Kinder versuchen in Teamarbeit, den Vers in die richtige Reihenfolge zu bringen. Die Mannschaft, die das als Erste geschafft hat, ist Sieger.

6-7 Jahre

Lernen und Wiederholen von Bibelversen

Kreishüpfen

Material-Checkliste

- ○ CD und CD-Player
- ○ bunter Tonkarton
- ○ Schere
- ○ Stift
- ○ Schachtel

Vorbereitung

Schneiden Sie aus dem Tonkarton große Kreise aus (eine größere Anzahl als Kinder in Ihrer Gruppe sind). Die Kreise werden nummeriert und in einem Abstand von ca. 50 cm im Raum verteilt (auf Rutschgefahr achten). Fertigen Sie Zettel mit den gleichen Zahlen an, die Sie in eine Schachtel legen.

Spielablauf

Unter den Klängen flotter Musik sollen die Kinder von einem Kreis auf den anderen hüpfen, ohne dabei den Boden zu berühren. Sobald die Musik unterbrochen wird, muss jedes Kind auf einem Kreis »festfrieren«. Der Mitarbeiter zieht einen Zettel aus der Schachtel und liest die Zahl laut vor. Das Kind, auf dessen Kreis dieselbe Zahl steht, sagt den Bibelvers auf. (Steht kein Kind auf der Zahl, ziehen Sie einen neuen Zettel.)

Hat der Spieler Probleme beim Aufsagen, darf er jemand um Hilfe bitten. Spielen Sie solange, bis jedes Kind den Bibelvers aufsagen konnte.

Wörter herumgeben

Material-Checkliste

○ Papier

○ Stift

○ Schere

Vorbereitung

Schreiben Sie den zu lernenden Bibelvers auf das Papier und schneiden Sie den Vers so auseinander, dass auf jedem Zettel nur ein Wort steht.

Spielablauf

Die Kinder sitzen im Kreis. Geben Sie das erste Wort des Verses durch den Kreis. Jedes Kind sagt es laut und reicht den Zettel im Uhrzeigersinn weiter. Das letzte Kind im Kreis behält den Zettel. Geben Sie nun das zweite Wort und dann die weiteren herum, bis alle Kinder einen Zettel in der Hand halten.

Nun sollen sie die Zettel nacheinander hochhalten und alle den Vers gemeinsam sprechen. Lassen Sie dann Freiwillige den Vers alleine aufsagen.

Mode-Staffel

Material-Checkliste

○ verschiedene Kleidungs-
   stücke (T-Shirts, Hosen,
   Hüte, Schuhe, Socken,
   Handschuhe, Mäntel
   und Kleider usw.)

○ 2 Kartons

○ Klebeband

Vorbereitung

Markieren Sie mit dem Klebeband eine Startlinie auf dem
Boden. Stellen Sie in einiger
Entfernung zwei Kartons mit
gleichen Kleidungsstücken
bereit.

Spielablauf

Wiederholen Sie den Bibelvers
der Stunde mit den Kindern und
teilen Sie die Gruppe in zwei
Mannschaften ein. Jede Mannschaft stellt sich hinter der Startlinie auf. Beim Startsignal läuft
der erste Spieler jeder Mannschaft zum Karton, zieht ein
Kleidungsstück an und rennt
»schick angezogen« zu seinem
Team zurück. Wenn jeder aus
der Mannschaft an der Reihe
war, fassen sich alle an den Händen und sagen den Bibelvers gemeinsam auf (Abb.).

Das Team, welches als Erstes
den Vers gesagt hat, ist Sieger.

Also hat Gott die Welt geliebt

Vershüpfen

Material-Checkliste

- ein Springseil
- Stoppuhr
- Kreide und Tafel

Vorbereitung

Keine

Spielablauf

Wiederholen Sie den Bibelvers des Tages mit den Kindern. Zwei Mitarbeiter halten das Seil ca. 30 cm über dem Boden. Die Kinder stellen sich hinter dem Seil auf.

Der erste Spieler rennt los und springt über das Seil, während er das erste Wort des Bibelverses sagt. Der nächste Spieler läuft los und sagt das darauf folgende Wort.

Um Spannung hineinzubringen, können Sie stoppen, wie schnell die Kinder den ganzen Bibelvers aufsagen konnten.

(Wenn die Kinder Hilfe brauchen, sich an den Vers zu erinnern, schreiben Sie ihn so an die Tafel, dass er von den Kindern beim Spiel gesehen werden kann.)

Kamelritt

Material-Checkliste

○ 2 Bälle

○ Klebeband

Vorbereitung

Startlinie mit Klebeband markieren.

Spielablauf

Wiederholen Sie den Bibelvers mit den Kindern. Teilen Sie die Gruppe in zwei gleiche Mannschaften ein. Der erste Spieler jeder Mannschaft erhält einen Ball. Sobald ein Startsignal gegeben wurde, begeben sich die »Reiter« auf ihre »Kamele«, d.h. sie klemmen den Ball zwischen ihre Beine und hüpfen damit zum Mitarbeiter. Nach dem Aufsagen des Bibelverses, hüpfen sie zu ihren Teams zurück und geben den Ball an den nächsten Spieler ab.

(Wem nicht gleich der ganze Vers einfällt, darf vom Mitarbeiter unterstützt werden).

Freunde

Material-Checkliste

- ○ CD mit flotter Musik
- ○ CD-Player

Vorbereitung

Keine

Spielablauf

Jedes Kind bekommt einen »Freund« oder eine »Freundin« als Partner zugeteilt. Nennen Sie bei jedem Paar den einen A und den anderen B. Alle A-Kinder bilden einen Kreis und halten sich an den Händen. Die B-Kinder formen ebenfalls einen Kreis um die A-Kinder herum und halten sich an den Händen.

Sobald die CD spielt, dreht sich Kreis A nach rechts, Kreis B nach links. Stoppt die Musik, lassen die Kinder die Hände los und suchen schnell ihre »Freunde«. Die »Freunde« halten sich an den Händen und setzen sich auf den Boden. Sobald sich alle gesetzt haben, stehen die beiden »Freunde« auf, die zuerst saßen, und sagen den Bibelvers auf.

6-7 Jahre

Lernen und Wiederholen von Bibelversen

Nr. 27

Einmal Popcorn, bitte!

Material-Checkliste

○ kleine Schachtel mit Popcorn

(Alternativ können auch Salzstangen genommen werden.)

Vorbereitung

Keine

Spielablauf

Wiederholen Sie den Bibelvers mit den Kindern. Alle sollen sich dazu in einem Kreis aufstellen. Geben Sie die Schachtel mit Popcorn einem der Kinder. Das Kind sagt das erste Wort des Verses, nimmt sich ein bisschen vom Popcorn und gibt die Box ans nächste Kind weiter. Das zweite Kind sagt das zweite Wort des Verses, und so weiter, bis der ganze Bibelvers aufgesagt ist. Die Kinder sagen den Bibelvers solange auf, bis das Popcorn alle ist.

Hindernisparcours

Material-Checkliste

- ○ Karte für jeden Spieler
- ○ Stift
- ○ Gegenstände für einen Parcours: z.B. großer Pappkarton, Tisch, Stuhl, Fußschemel, alte Reifen, Springseil, kleiner Teppich
- ○ große Spielfläche

Vorbereitung

Schneiden Sie den Boden und den Deckel des Pappkartons ab. Bauen Sie einen Parcours, indem Sie die Gegenstände in geringem Abstand voneinander auf den Boden legen: Pappkarton als Tunnel, Reifen in einem Kreis, Fußschemel, Tisch, Springseil und Teppich.

Schreiben Sie den Bibelvers auf Karten, ein Wort oder Abschnitt pro Karte. Nummerieren Sie die Karten, so dass die Kinder die Reihenfolge nicht durcheinander bringen können. Legen Sie die Karten an das Ende des Parcours. (Die Anzahl der Karten entsprechend der Spieler).

Spielablauf

Die Kinder stellen sich am Start auf. Nach dem Startsignal muss der erste Spieler

- durch den Pappkarton krabbeln
- in jeden Reifen treten
- 5 Mal Seilspringen
- auf den Schemel rauf und wieder hinuntersteigen
- unter dem Tisch durchkriechen
- eine Rolle oder einen Purzelbaum auf dem Teppich machen
- die erste Karte aufnehmen und zur Reihe zurückgehen

Die Kinder durchlaufen nacheinander den Hindernis-Parcours und nehmen die Karten in nummerierter Reihenfolge auf, bis der Bibelvers komplett ist. Nun werden die Karten in die Höhe gehalten und alle sagen den Vers gemeinsam auf.

6-7 Jahre

Lernen und Wiederholen von Bibelversen

Hüpfen und Platzen

Material-Checkliste

- ◯ Luftballons
- ◯ kleine Papierzettel
- ◯ Filzstift
- ◯ Klebeband
- ◯ großer Pappkarton (Klappbox)

Vorbereitung

Schreiben Sie den Bibelvers der Stunde in einzelnen Wörtern auf kleine Zettel. Rollen Sie die Zettel zusammen und stecken Sie diese in einen Luftballon. Sie blasen die Ballons auf, verknoten sie und legen sie dann in die Schachtel, die auf der anderen Seite des Spielfeldes steht. (Es sollte pro Spieler ein Ballon vorhanden sein.)

Markieren Sie mit Klebeband eine Startlinie auf dem Boden am anderen Ende des Raumes.

Spielablauf

Die Kinder stellen sich in einer Reihe hinter dem Klebeband auf. Wenn ein Signal ertönt, läuft der erste Spieler zur Box, nimmt sich einen Ballon und versucht, zur Startlinie zurückzukommen. Dabei muss er den Ballon immer wieder in die Höhe schlagen. (Der Ballon darf nicht getragen werden oder den Boden berühren.) Wenn das Kind die Startlinie erreicht hat, lässt es den Ballon platzen, indem es sich auf ihn setzt und findet dann das Papierstück.

Der nächste Spieler verfährt genauso. Das Spiel läuft so lange, bis alle Ballons zum Platzen gebracht wurden. Dann wird in Teamarbeit der Bibelvers zusammengesetzt.

Findet die Fußspur

Material-Checkliste

- ○ verschiedenfarbige Bögen Tonpapier
- ○ Stift
- ○ Schere

Vorbereitung

Schneiden Sie so viele Fußstapfen aus dem Tonpapier aus, wie der Bibelvers Wörter hat. Schreiben Sie auf jeden Fußstapfen ein Wort (Abb.). Fertigen Sie weitere 3-4 Sets an, je nach Gruppengröße. Verstecken Sie die Fußstapfen im Raum oder im Freien.

Spielablauf

Teilen Sie die Gruppe nun in vier oder fünf Mannschaften und nennen Sie jeder Gruppe die Farbe der Fußstapfen, die sie nach dem Startsignal suchen sollen. Sind alle Fußstapfen gefunden, versuchen die einzelnen Mannschaften, sie in der richtigen Reihenfolge auf dem Boden auszulegen.

Wenn alle Teams dies geschafft haben, wird der Vers von allen laut vorgelesen.

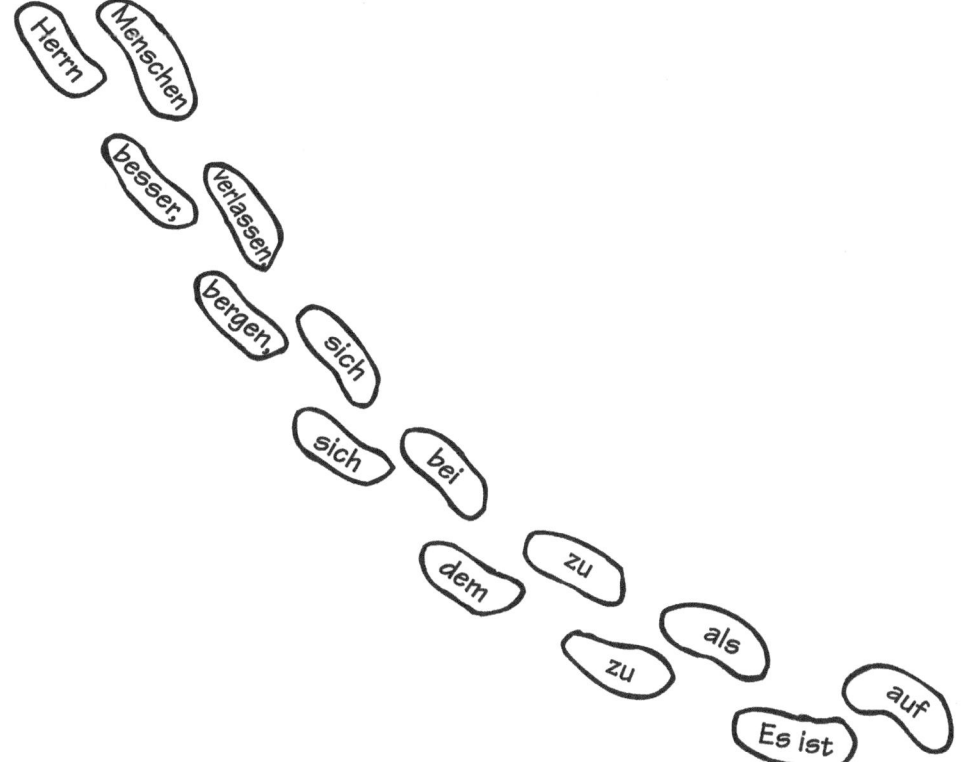

6-7 Jahre

Lernen und Wiederholen von Bibelversen

Nr. 31 Hüpfkästchen

Material-Checkliste

- ○ Bibel
- ○ Kreide oder breites und schmales Kreppband
- ○ Plakatkarton oder OHP und Folie
- ○ Filzstift

Vorbereitung

Wenn Sie draußen spielen, schreiben Sie den Bibelvers auf Plakatkarton, der aufgehängt wird. Malen Sie mit Kreide 12 quadratische Kästchen auf (siehe Abb.). Schreiben Sie die Wörter des Verses in die Felder und malen passende Bilder und Symbole dazu.

Wenn das Spiel im Gruppenraum stattfindet, markieren Sie die Hüpfkästchen mit schmalem Kreppband. Schreiben Sie die Wörter des Verses auf breites Kreppband und kleben Sie dieses in die einzelnen Felder.

Spielablauf

Lesen Sie den Vers laut vor, den Sie in großer Schrift auf Plakatkarton geschrieben haben und deuten Sie auf die einzelnen Wörter. Wiederholen Sie den Vers mit den Kindern. Fragen Sie: *»Was sagt dieser Vers, wie wir uns verhalten sollen?«* Zeigen Sie nun den Kindern die richtige Wort-Reihenfolge des Verses, indem Sie von Kästchen zu Kästchen hüpfen, während Sie den Vers sprechen. Jetzt sind die Kinder nacheinander an der Reihe und springen mit beiden Beinen von Kästchen zu Kästchen, während Sie den Vers sagen. Bei einer zweiten Runde müssen die Kinder auf einem Bein hüpfen.

Variationen zum Spielablauf

Nummerieren Sie die Wort-Reihenfolge des Verses für jüngere Kinder oder legen Sie die richtige Reihenfolge auf dem Boden aus. Für größere Gruppen kann der Vers auch mehrfach zum Hüpfen erstellt werden.

und	ge-boten	hat.
deine	Vater	dir
Mutter,	deinen	Herr, dein Gott,
Ehre	wie	der

Lernen und Wiederholen von Bibelversen

Rotes Licht, grünes Licht

Material-Checkliste

- ○ Bibel
- ○ 2 Taschenlampen
- ○ rotes und grünes Transparentpapier
- ○ 2 Gummiringe
- ○ Papierstreifen
- ○ Schüssel
- ○ Klebeband
- ○ Stift

Vorbereitung

Schreiben Sie den Namen jedes Kindes auf einen Papierstreifen und legen Sie diese in die Schüssel. Befestigen Sie mit den Gummiringen das rote bzw. grüne Transparentpapier über den Taschenlampen. Markieren Sie mit Klebeband eine Start- und Ziellinie in einem Raum, der abgedunkelt werden kann.

Spielablauf

Lesen Sie den zu lernenden Bibelvers laut aus der Bibel vor, wiederholen Sie ihn gemeinsam mit den Kindern. Fragen Sie: *»Was sagt dieser Vers, wie wir handeln sollen?«*

Die Kinder stehen hinter der Startlinie. Der Mitarbeiter steht am Ziel. Dunkeln Sie den Raum ab. Wenn der Leiter das grüne Licht anknipst, dürfen die Kinder Riesenschritte nach vorne machen. Leuchtet das rote Licht auf, müssen die Kinder regungslos stehenbleiben. Wer sich beim roten Licht noch bewegt, muss einen großen Schritt zurück gehen. Ist das rote Licht an, nimmt der Mitarbeiter einen Zettel aus der Schüssel. Wessen Name auf dem Zettel steht, soll den Bibelvers aufsagen und darf einen Schritt nach vorne tun. (Auch wenn es mit dem Aufsagen noch nicht ganz so gut klappt, sollten die Kinder einen Schritt nach vorn tun dürfen.)

Derjenige, der zuerst die Ziellinie erreicht, darf in der nächsten Runde die Lichter an- und ausknipsen.

Nr. 33 Wetteinkaufen

Material-Checkliste

○ Bibel

○ 2 Spielzeugeinkaufswagen oder -körbe

○ leere Konservendosen, Milchtüten und Cornflakespackungen etc. Die Anzahl der Verpackungen richtet sich nach dem Bibelvers.

○ für jedes Bibelverswort einen Zettel (Haftnotiz)

○ Filzstift

○ Kreppband

○ 2 Tische

Vorbereitung

Schreiben Sie jedes Wort des Bibelverses auf einen Zettel und kleben Sie diese auf die Verpackungen (Abb.).
Erstellen Sie davon zwei Sets.

Stellen Sie die Verpackungen auf zwei verschiedene Tische. Mit Klebeband markieren Sie eine Startlinie, die sich ca. 6 Meter von den Tischen entfernt befindet.

Spielablauf

Lesen Sie den Bibelvers laut aus der Bibel vor. Wiederholen Sie ihn ein paar Mal mit den Kindern. Lassen Sie die Kinder einige Schlüsselwörter des Verses erklären.

Teilen Sie die Gruppe in zwei Mannschaften, die sich hinter der Startlinie aufstellen. Gibt der Leiter ein Zeichen, schiebt der erste Einkäufer im Team den Einkaufswagen zum Tisch. Er nimmt eine Verpackung, legt sie in den Wagen und schiebt diesen zurück zur Mannschaft. Der zweite Spieler ergreift den Einkaufswagen und holt die zweite Verpackung.

Hat die Mannschaft alle Verpackungen geholt, müssen diese in die richtige Reihenfolge gebracht werden. Sieger ist, wer das zuerst geschafft hat.

Variationen zum Spielablauf

Für eine andere Staffel muss jeder Einkäufer dem Spielleiter (dem Verkäufer) den Bibelvers aufsagen, bevor er etwas kauft. Oder legen Sie alle Verpackungen auf einen Berg und der Spieler soll herausfinden, welche Verpackung sein Team als Nächstes braucht.

Das Hula-Hoop-Spiel

Material-Checkliste

- ○ Bibel
- ○ 4 Stühle
- ○ 4 Hula-Hoop-Reifen
- ○ 4 Blätter Zeichenpapier
- ○ Markierstift
- ○ für jedes Kinderpaar 1 Papierstück
- ○ 4 Locher

Vorbereitung

Die Stühle werden im Raum verteilt. Legen Sie immer einen Hula-Hoop-Reifen zu jedem Stuhl. Schreiben Sie je eine der folgenden Anleitungen auf ein Blatt Papier:

- Stelle dich mit deinem Partner in den Hula-Hoop-Reifen und sage den Vers auf.
- Stelle dich deinem Partner gegenüber auf. Rollt den Reifen hin und her und sagt den Vers auf.
- Halte deinen Partner an den Händen, hüpft in den Reifen und wieder hinaus und sagt den Vers.
- Lass den Reifen um deinen Arm schwingen, während dein Partner den Vers aufsagt, dann wechselt ihr.

Kleben Sie die Anweisungen mit Klebeband an die Stühle (Abb.).

Schreiben Sie die Zahlen 1, 2, 3 und 4 auf die Papierstücke (Abb.), die als Tickets dienen. An jeder Station sollte ein Mitarbeiter stehen, der die Tickets locht. Ein Mitarbeiter kann auch zwei Stationen betreuen.

Spielablauf

Lesen Sie den Bibelvers laut vor und wiederholen ihn mehrere Male mit den Kindern. Fragen Sie: »Gibt es eine gute Möglichkeit, den Vers im eigenen Leben umzusetzen?«

Nun suchen sich die Kinder Partner und verteilen sich gleichmäßig an den Stationen. Jedes Paar bekommt ein Ticket. Der Mitarbeiter erklärt die Anweisungen, die Paare führen sie aus, lassen ihr Ticket lochen und gehen zur nächsten Station. Die Reihenfolge, in der die Stationen angelaufen werden, spielt keine Rolle. Es kann zu Wartezeiten kommen, wenn einige Paare an ihrer Station noch nicht fertig sind.

Rollt den
Reifen hin
und her ...

6-7 Jahre

Lernen und Wiederholen von Bibelversen

Nr. 35

Slalom-Basketball

Material-Checkliste

○ Bibel

○ Kreide oder Kreppband

○ 2 Eimer oder Papierkörbe

○ 6 Verkehrshütchen oder andere Hindernisse

○ Zeitungen

Vorbereitung

Markieren Sie eine Start- und Ziellinie mit Kreide oder Kreppband. Stellen Sie die Eimer hinter der Ziellinie auf. Bauen Sie einen Hindernisparcours für jede Mannschaft mit Hütchen oder anderen Hindernissen zwischen Start und Ziel auf (Abb.). Zerknüllen Sie die Zeitungen zu großen Bällen.

Spielablauf

Lesen Sie den Bibelvers laut aus der Bibel vor und wiederholen ihn einige Male zusammen mit den Kindern. Teilen Sie die Gruppe in zwei Mannschaften ein, die sich hinter der Startlinie aufstellen. Der erste Spieler jedes Teams steht an der Ziellinie und hält den Eimer in der Hand. Gibt der Mitarbeiter ein Signal, läuft der zweite Spieler jedes Teams mit dem Ball durch den Hindernisparcours und wirft ihn in den Eimer.

Nun tauschen der erste und der zweite Spieler die Plätze. Der Erste nimmt sich den Ball, läuft rückwärts durch den Parcours und gibt ihn an den dritten Spieler ab. Dies wird fortgeführt, bis alle die Möglichkeit hatten, entweder zu laufen oder den Eimer zu halten.

Ist der letzte Spieler angekommen, setzt sich das Team auf den Boden und sagt gemeinsam den Vers auf.

Verrücktes Hühnerrennen

Material-Checkliste

○ Filzstift

○ Karten (DIN-A5)

○ Kreppband

Vorbereitung

Schreiben Sie jeweils ein Wort des Verses auf die Karten. Kleben oder hängen Sie diese an gut sichtbaren Stellen im Raum oder draußen auf.

Spielablauf

Die Kinder sammeln sich in der Mitte des Raumes. Wenn der Mitarbeiter ruft: »Rennt, verrückte Hühner, rennt!«, laufen die Kinder kreuz und quer zu irgendeiner Karte. Sobald ein Kind eine Karte erreicht hat, berührt es diese und bleibt in einer »verrückten« Position stehen.

Es dürfen mehrere Kinder bei einer Karte stehen. Es sollte darauf geachtet werden, dass alle Karten besetzt sind. Dann zeigen Sie auf die Karte mit dem ersten Wort. Wer sich davor befindet, sagt es laut. Nun zeigen Sie auf die weiteren Karten.

Wiederholen Sie das Spiel und dabei sollen die Kinder zu anderen Karten laufen. Sind die Spieler mit dem Vers vertraut, zeigen Sie immer schneller auf die Karten.

Anschließend sprechen Sie mit den Kindern darüber, wie wir im Alltag Liebe üben können.

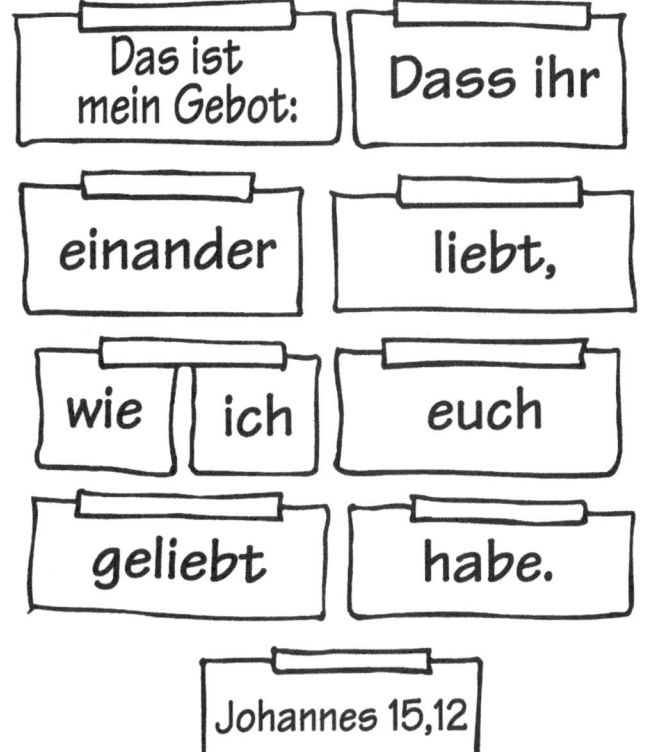

Das ist mein Gebot: Dass ihr einander liebt, wie ich euch geliebt habe.

Johannes 15,12

6-7 Jahre

Lernen und Wiederholen von Bibelversen

Lustiger Bauern-Rap

Material-Checkliste

- ○ Bibel
- ○ Bauernhut
- ○ Kreide und Tafel oder OHP, Folie und Folienstift

Vorbereitung

Schreiben Sie die Worte des Bibelverses an die Tafel oder auf eine Folie für den OHP. Üben Sie den Vers auf einen Rhythmus, wie im folgenden Beispiel zu sehen.

1. So sehr (2 mal klatschen)
2. hat Gott (2 mal klatschen)
3. die Welt (2 mal klatschen)
4. geliebt, (2 mal klatschen)
5. dass er (2 mal klatschen)
6. uns gab (2 mal klatschen)
7. den Sohn. (2 mal klatschen)

Spielablauf

Die Kinder sitzen im Kreis. Machen Sie Ihnen den Rhythmus des Verses vor. Dann üben sie dies gemeinsam mit den Kindern. Wenn Sie den Eindruck haben, dass sie mit dem Vers vertraut sind, darf ein Kind den Hut aufsetzen und die erste Zeile des Verses aufsagen. Die anderen Kinder klatschen den Rhythmus. Dann gibt das Kind den Hut an seinen rechten Sitzpartner weiter, das die zweite Zeile im Rhythmus spricht. Jetzt geht es im Kreis weiter, bis alle Kinder den Hut einmal auf hatten bzw. der Vers komplett ist.

Statt klatschen kann man auch trommeln, schnipsen oder stampfen.

Nest bauen

Material-Checkliste

- ○ Bibel
- ○ großes Garn- oder Wollknäuel (am besten braun oder gelb)
- ○ Kreide und Tafel oder Plakatkarton und Filzstift
- ○ Tesafilm oder Heftzwecken

Vorbereitung

Schreiben Sie den Bibelvers an die Tafel oder auf den Plakatkarton

Spielablauf

Den Vers zunächst gemeinsam aufsagen. Die Kinder sitzen im Kreis. Ein Kind hält das Wollknäuel und sagt das erste Wort. Es hält das Fadenende des Knäuels fest und wirft das Knäuel zu einem anderen Spieler. Das Kind, das das Knäuel auffängt, darf das nächste Wort sagen. Es hält den abgewickelten Faden fest und wirft das Knäuel weiter.

Die Spieler fahren damit fort, bis der Vers zu Ende ist. Das Garn sollte ein Zick-Zack-Gewebe formen, ähnlich wie bei einem Nest.

Geben Sie den Kindern Hilfestellung, wenn es nötig ist. Dann sagt der letzte Spieler das erste Wort und wirft das Knäuel zurück zu dem vorletzten Spieler. Dieser wickelt die Wolle auf, sagt das zweite Wort und wirft das Knäuel zum vorvorletzten Spieler usw.

6-7 Jahre
Lernen und Wiederholen von Bibelversen

Rechen-Wettrennen

Material-Checkliste

- ○ Bibel
- ○ weite Spielfläche
- ○ Plakatkarton
- ○ Schere
- ○ Filzstift
- ○ Kreide und Tafel
- ○ 2 Laubrechen (oder Besen)
- ○ Klebeband

Vorbereitung

Schreiben Sie den Bibelvers an die Tafel. Schneiden Sie den Plakatkarton in der Hälfte durch und schreiben Sie den Vers auf jede Hälfte. Schneiden Sie diese Hälften in große Puzzleteile. Ein Puzzleteil für jedes Kind. Markieren Sie mit Klebeband eine Start- und eine Ziellinie, die einige Meter voneinander entfernt sind.

Spielablauf

Lesen Sie den Vers laut mit den Kindern. Danach wischen Sie ihn von der Tafel. Teilen Sie die Gruppe in zwei Mannschaften ein, die sich hinter der Startlinie aufstellen. Legen Sie die Puzzleteile vor der Mannschaft auf den Boden. Je ein Mitarbeiter steht gegenüber den Teams an der Ziellinie. Sobald ein Signal ertönt, recht der erste Spieler ein Puzzleteil zur Ziellinie, dann rennt er zurück zum Team und übergibt den Rechen. Sind alle Puzzleteile am Ziel, wird der Vers zusammengesetzt und gemeinsam laut gelesen.

Rühreier

Nr. 40

Material-Checkliste

- ○ Bibel
- ○ Bratpfanne
- ○ Gabel
- ○ gelber Stoff (etwas kleiner als die Bratpfanne)
- ○ großes weißes Blatt
- ○ Textilstift oder Edding
- ○ Schere
- ○ Kreide und Tafel oder OHP, Folie und Folienstift
- ○ pro Kind ein großes Plastikei (Hülle von Überraschungs- oder Ostereiern)

Vorbereitung

Schreiben Sie den Lernvers auf das gelbe Tuch, auf das weiße Papier und an die Tafel bzw. auf Folie. Schneiden Sie dann den Vers auf dem Papier in so viele Teile, wie Kinder in der Gruppe sind (siehe Abb.). Stecken Sie jedes Teil in ein Ei und ver- stecken Sie diese im Raum. Das gelbe Tuch verstecken Sie in Ihrem Ärmel oder in Ihrer Tasche.

Spielablauf

Erklären Sie den Kindern, dass im Raum Eier versteckt sind. Hat ein Kind ein Ei gefunden, bringt es das Ei zum Mitarbeiter, der die Bratpfanne in der Hand hält. Nacheinander »schlagen« die Kinder das Ei an der Seite der Pfanne auf, legen die »Scha- le« beiseite und lesen den Zettel, der sich nun in der Pfanne befin- det. Danach sucht das Kind sei- nen Teil des Verses an der Tafel, unterstreicht ihn und setzt sich. Wenn alle Kinder an der Reihe waren, sagen Sie: »*Wir warten jetzt darauf, dass die Eier fertig werden. Lasst uns in der Zwi- schenzeit den Vers lesen.*«

Mit der Gabel rühren Sie »die Eier« in der Pfanne. Dann dre- hen Sie sich von den Kindern weg, während diese den Vers lesen. Legen Sie schnell den gel- ben Stoff unbemerkt in die Pfan- ne. Fragen Sie die Kinder: »*Ob die Eier schon fertig sind? Ich glaube schon!*« Holen Sie mit der Gabel den gelben Stoff her- aus. »*Schaut mal, was wir ge- macht haben!*« Wiederholen Sie ihn einige Male und fragen Sie die Kinder nach der Bedeutung des Verses.

Strebt	alle	zeit	dem	Gu	ten
nach	ge	gen	ein	an	der
und	ge	gen	al	le	!
1.	Thes	sa	loni	cher	5,15

6-7 Jahre

Lernen und Wiederholen von Bibelversen

Nr.
41

Turmbau

Material-Checkliste

O Bibel

O Kreide und Tafel oder
   Papierbogen und Tesafilm

O Edding

O Papp- oder Plastikbecher

Vorbereitung

Schreiben Sie den Vers auf fünf Becher (Abb. a).
Ebenfalls wird der Vers an die Tafel oder auf einen Bogen Papier geschrieben.

Spielablauf

Sie lesen den Vers mit den Kindern laut vor und teilen sie in Dreier- oder Vierergruppen ein. Jede Gruppe erhält fünf Becher und einen Eddingstift.
Die Kinder schreiben die einzelnen Wörter des Verses auf die Becher, wie auf den Modellbechern zu sehen ist. Die Gruppen bauen mit ihren Bechern Türme (Abb. b). Wenn noch genug Zeit ist, können die Spieler ein Wettstapeln veranstalten, bei dem die Gruppe gewinnt, die als Erste ihre Becher in die richtige Reihenfolge gebracht hat.

a)

b)

Gib die Früchte weiter!

Material-Checkliste

- Bibel
- CD und CD-Player
- Kreide, Tafel und Schwamm oder OHP und Folie, wasserlöslicher Stift
- 2 Früchte einer Obstsorte

Vorbereitung

Schreiben Sie den Vers an die Tafel bzw. auf Folie.

Spielablauf

Lesen Sie den Vers mit den Kindern laut. Am Anfang erschuf Gott die ersten Menschen, Adam und Eva. Er wollte, dass sie ihn kennen und eine persönliche, vertraute Beziehung zu ihm haben, wie wir sie unter guten Freunden kennen.

Frage: »Was gab Gott Adam und Eva zu essen, als sie im Garten Eden waren? Gott hatte einen Garten angelegt mit wunderschönen Bäumen, an denen gute Früchte wuchsen.« (Zeigen Sie die mitgebrachte Frucht.)

Wenn Sie die CD einspielen, reichen die Kinder die Frucht im Kreis herum. Wenn die Musik angehalten wird, wischt das Kind, das die Frucht gerade hält, zwei Wörter des Verses weg. Nun versucht die Gruppe, den Vers aufzusagen. Wiederholen Sie dies so lange, bis alle Wörter weggewischt sind. Anschließend schreiben Sie den Vers noch einmal auf die Tafel und wiederholen den Vorgang. Dabei kommt eine weitere Frucht ins Spiel, die aber in die andere Richtung herumgereicht wird.

Erkennt, dass der HERR Gott ist! Er hat uns gemacht, und nicht wir selbst. Psalm 100,3

Nr. 43

Vers-Schleudern

Material-Checkliste

○ Bibeln

○ Kreide und Tafel oder
   weißer Tonkarton

○ Filzstift und Tesafilm

○ für jedes Spielerpaar ein
   Säckchen, das mit Kies,
   Bohnen o. ä. gefüllt ist

Vorbereitung

Schreiben Sie den Vers an die
Tafel oder auf den Tonkarton.

Spielablauf

Lesen Sie den Vers mit den
Kindern laut. Die Gruppe wird
in Spielerpaare aufgeteilt und
jedes Paar erhält ein Säckchen.
Die Partner werfen sich dieses
zu und sagen dabei immer ein
Wort des Verses, wenn sie das
Säckchen gefangen haben.

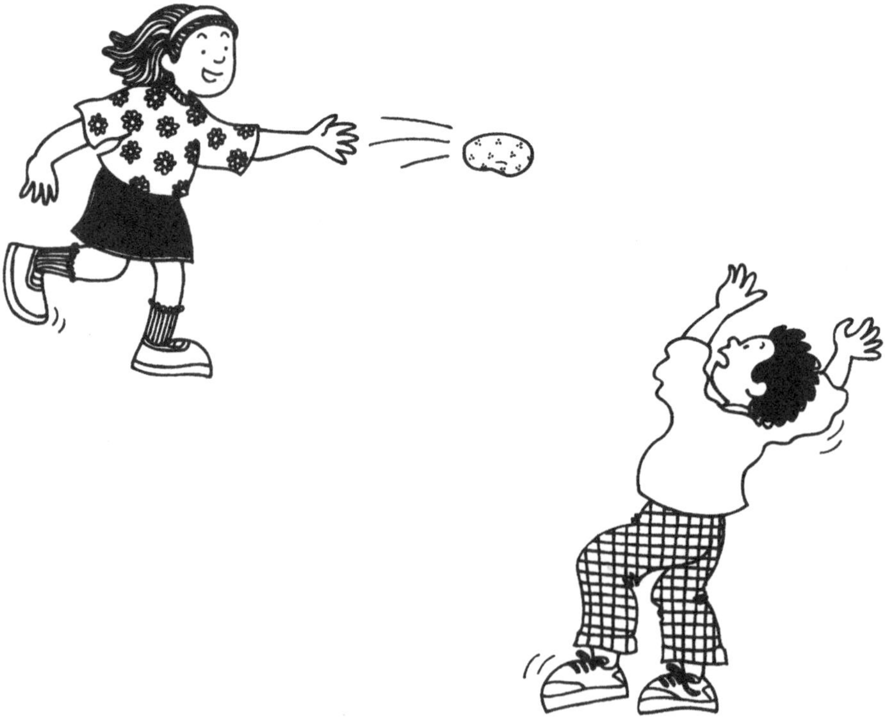

Josephs Hüpfkästchen

6-7 Jahre
Lernen und Wiederholen von Bibelversen

Nr. 44

Material-Checkliste

- ⃝ Bibel
- ⃝ Landkarte von Kanaan und Ägypten
- ⃝ Kreide oder breites Klebeband
- ⃝ Filzstift
- ⃝ flache Steine (jedes Kind bekommt einen Stein)

Vorbereitung

Malen Sie die Hüpfkästchen mit Kreide draußen auf die Straße oder markieren Sie drinnen die Kästchen mit Klebeband auf den Fußboden.

Draußen werden die Wörter des Verses mit Kreide in die Kästchen geschrieben. Wenn Sie das Spiel drinnen durchführen, schreiben Sie die Wörter mit Filzstift auf das breites Klebeband, das Sie dann in die Felder kleben. Zeichnen Sie auf jeden Stein eine Figur, die Joseph darstellen soll.

Spielablauf

Der Mitarbeiter erzählt von Joseph, dessen Leben in Kanaan begann und in Ägypten endete. Zeigen Sie auf der Karte die beiden Länder.

Das Hüpfkästchen-Spiel: Lesen Sie mit den Kindern den Vers, der in den Kästchen steht. Danach geben Sie jedem Kind einen Stein, auf dem Joseph gemalt ist. Zeigen Sie ihnen, wie man Hüpfkästchen spielt. Man wirft den Stein auf ein Feld und hüpft nun auf einem Bein zu diesem Feld und liest den Text vor. Danach ist der nächste Spieler dran. Das Spiel ist zu Ende, wenn jedes Kind einmal »Ägypten« erreicht hat. Die Kinder dürfen den Stein nicht außerhalb des Feldes werfen oder die Trennlinien der Felder berühren.

Stein

Joseph

Kanaan / Mit dir ist der / HERR / dein Gott / wo immer / du gehst / Ägypten

6-7 Jahre

Lernen und Wiederholen von Bibelversen

Nr. 45

Flipper

Material-Checkliste

O Bibel

O ein großer Stein

O spitzer Gegenstand

O Filzstift

Pro Gruppe von je zwei oder drei Kindern

O ein Schuhkarton und eine Murmel (Flipper).

Vorbereitung

In das Schachtelinnere zeichnen Sie eine Gesetzestafel. Mit dem spitzen Gegenstand stechen Sie fünf Löcher in die Schachtel. Schneiden Sie die Löcher so groß, dass die Murmel in die Löcher rollt und darin liegen bleibt, aber nicht durchfällt. Schreiben Sie ein Wort des Verses an jedes Loch und das Wort Start in die rechte Ecke. Zwei bis drei Kinder erhalten jeweils ein Flipperspiel.

Spielablauf

Die Kinder geben den großen Stein reihum, während Sie folgende Frage stellen: »Kennt ihr Dinge, die aus Stein errichtet wurden?« (Statuen, Skulpturen, Grabsteine)

Die Bibel berichtet, dass Gott die zehn Gebote auf Steintafeln geschrieben hat.

Teilen Sie die Kinder in Zweier- oder Dreiergruppen und geben Sie jeder Gruppe einen »Flipper«. Sagen Sie den Vers mit den Kindern auf. Jetzt beginnt das Spiel in den Gruppen. Am Anfang wird die Murmel auf das Wörtchen »Start« gelegt. Nun versuchen die Kinder den Karton so zu bewegen, dass die Murmel in das Loch mit dem ersten Wort des Lernverses rollt. Das Spiel wird so lange fortgeführt, bis die Murmel in der richtigen Versfolge einmal in jedes Loch gerollt ist.

Gläser-Glockenspiel

Nr. 46

Material-Checkliste

- Bibel
- Tonkarton, OHP und Folie
- Zettel und Filzstift
- 6 Trinkgläser oder hohe Marmeladengläser
- Wasser
- Löffel aus Metall oder Klöppel
- Klebeband

Vorbereitung

Den Bibelvers auf Tonkarton oder Folie schreiben.

Verschieden voll gefüllte Gläser werden zunächst zu einer Tonreihe geordnet (Abb.). Die Zettel mit den einzelnen Verswörtern werden wie ein Etikett auf die Gläser geklebt. (Wer möchte, kann die Bibelvers-Wörter mit einer Nummer versehen und in gemischter Reihenfolge aufkleben. Die Kinder sollen die hohen und tiefen Töne herausfinden.)

Spielablauf

Zunächst den Bibelvers mit den Kindern gemeinsam aufsagen. Das Gläser-Glockenspiel erklären und vorführen. Über die aufgereihten und verschieden gefüllten Gläser fährt man mit dem nassen Finger und bringt sie zum Klingen. Die Kinder sollen hören, dass ein leeres Glas tiefer klingt als ein volles. Dann schlägt der Mitarbeiter mit einem Löffel oder Klöppel an die Gläser, die wieder einen anderen Klang hervorbringen.

Jedes Glas wird einem Kind zugeordnet. Der Mitarbeiter schlägt zunächst den tiefen Ton an, dann sagt das jeweilige Kind seine Wörter. Diesen Vorgang bis zum hohen Ton durchführen. Nun sagen alle Kinder den Vers im Rhythmus auf: erst den Ton anschlagen, dann das Wort sagen usw.

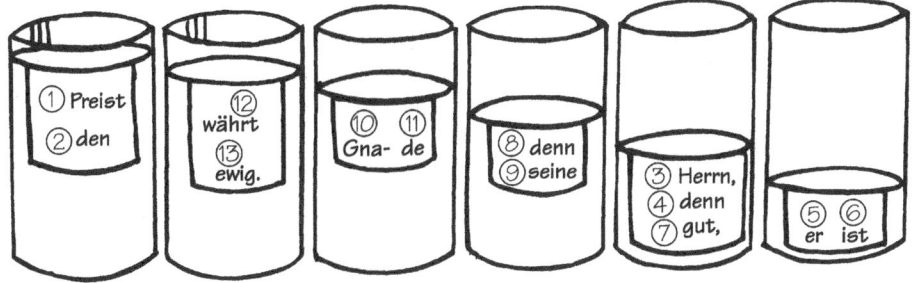

Stroh in der Krippe

Material-Checkliste

- ○ Bibel
- ○ Kreide und Tafel oder OHP und Folie
- ○ einen Bogen Plakatkarton
- ○ Filzstifte
- ○ scharfer Gegenstand
- ○ Klebeband
- ○ Biegeplüsch in gelb nach Anzahl der Kinder

Vorbereitung

Malen Sie in die Mitte des Plakatkartons eine einfache Skizze: »Das Jesuskind in der Krippe ohne Stroh« (Abb. a). Stechen Sie Löcher um das Baby herum. Dahinein können die Kinder später kleine Stücke Biegeplüsch als »Stroh« stecken. Knicken Sie die Seiten des Plakatkartons um (evtl. mit einem Bastelmesser leicht einritzen), so dass er sich aufstellen lässt. Befestigen Sie ihn an den Seiten mit Klebeband an der Tischplatte oder auf dem Boden (Abb. b).

Den Bibelvers an die Tafel oder auf Folie schreiben und die Biegeplüschteile im Raum verstecken.

Spielablauf

Wiederholen Sie den Vers laut mit den Kindern. Zeigen Sie auf die Krippe: *»Vermisst ihr irgendetwas in dieser Krippe?«* (Stroh.) *»Wer meint, er könne den Vers auswendig aufsagen, der darf in diesem Raum nach dem ›Stroh‹ suchen, das in der Krippe fehlt* (zeigen Sie ein Stück gelben Biegeplüsch). *Derjenige, der es findet, bringt es zu mir, sagt den Bibelvers auswendig auf und steckt etwas Stroh in die Krippe.«*

Variation zum Spielablauf

Schneiden Sie den Biegeplüsch in verschiedene Längen. Anstatt sie zu verstecken, können Sie diese in der Hand halten, und zwar so, dass es aussieht, als seien sie gleich lang. Lassen Sie jedes Kind einen ziehen. Derjenige, der den längsten Draht hat, muss als Erster den Vers aufsagen und dann das »Stroh« in die Krippe stecken. Die Reihenfolge der nächsten Spieler ergibt sich aus der Länge ihrer Drähte.

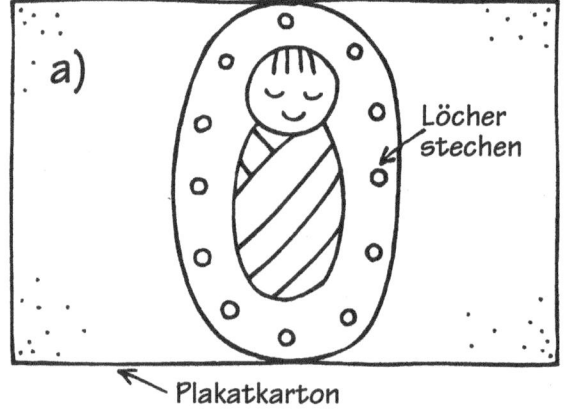

a)

Löcher stechen

Plakatkarton

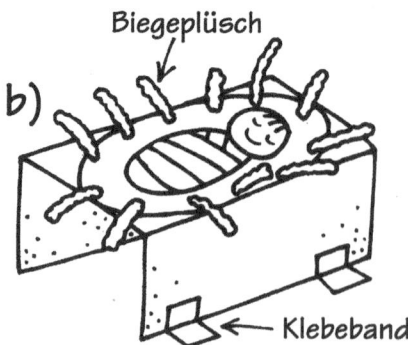

Biegeplüsch

b)

Klebeband

Ringe werfen

Material-Checkliste

○ Bibel

○ Kreide und Tafel
oder DIN-A3 Plakatkarton

○ Filzstifte

○ Schere

○ 1,5- Liter Flasche

○ Sand

○ für jedes Kind
einen großen Pappring

Vorbereitung

Schneiden Sie für jedes Kind einen Pappring aus, der über die Flasche passt (Abb. a). Schreiben Sie den Bibelvers an die Tafel oder auf Plakatkarton. Füllen Sie die Flasche mit Sand oder Wasser (zum Beschweren) und stellen Sie sie auf den Boden.

Spielablauf

Die Kinder schreiben den Bibelvers auf ihre Ringe. Fragen Sie: *»Könnt ihr zeigen, wo der Ring sein Ende hat?«* (Nein.) *»Ein Ring hat kein Ende, genauso wie das ewige Leben, das für immer währt. Gott gibt denen ewiges Leben, die an Jesus glauben.«*

Die Kinder stellen sich einige Meter von der Flasche entfernt in einer Reihe auf. Nacheinander wird zuerst der Vers wiederholt und dann wird versucht, den Ring über die Flasche zu werfen (Abb. b).

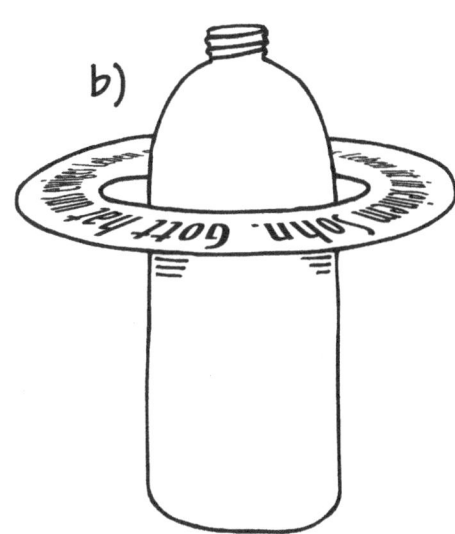

Nr. 49 Vers-Wettkampf

Material-Checkliste

- ○ Bibel
- ○ Kreide und Tafel oder großer Plakatkarton und Filzstift
- ○ 2 Augenbinden

Vorbereitung

Schreiben Sie den Bibelvers an die Tafel oder auf den Plakatkarton.

Spielablauf

Lesen Sie den Vers mit den Kindern. Teilen Sie die Gruppe in zwei Mannschaften. Team 1 stellt sich gegenüber dem Mitarbeiter, Team 2 gegenüber einem zweiten Mitarbeiter auf (siehe Abb.) Der Bibelvers soll für alle während des Spiels sichtbar sein. Die Mannschaften messen sich in drei Rennen. Im ersten Rennen hüpfen die Spieler auf einem Bein zum Mitarbeiter, sagen den Vers auf und hüpfen zurück zu ihrer Mannschaft. Im zweiten Lauf bekommen die Spieler Augenbinden übergestreift und müssen so den Weg zu ihrem Mitarbeiter finden. Dort sagen sie den Vers auf, nehmen die Augenbinde ab und rennen zurück. (Die Mitarbeiter dürfen ihre »Blinden« mit Zurufen leiten.)

Im dritten Rennen laufen die Kinder zum Mitarbeiter, sagen den Vers auf und laufen wieder zurück zu ihren Teams.

Fragen Sie nun: »*Welcher Lauf war am schwierigsten?* (Der mit verbundenen Augen.) *Jedes Körperteil ist wichtig. Genauso wie jedes Körperteil eine Aufgabe hat, hat auch jede Person in Gottes Familie eine Aufgabe. Ein anderer Name in der Bibel für Gottes Familie ist der Leib Christi, dies ist ein älterer Begriff für Körper. Alle, die Jesus lieben, sind wie Teile seines Körpers. Jeder von uns hat eine besondere Aufgabe, um Gottes Familie zu unterstützen.*«

Greifen Sie einige Talente und Begabungen der Kinder heraus und erklären Sie, wie man diese Talente in Gottes Familie einsetzen kann.

Zum Beispiel: »*Sina redet gerne mit Leuten, sie kann wichtige Kontakte knüpfen, um Menschen in Verbindung mit Jesus zu bringen. Markus hat eine schöne Stimme und Gesang ist zum Lob Gottes sehr wichtig. Jonas hat immer ein Lächeln auf dem Gesicht, er kann Leute aufmuntern, die traurig sind.*«

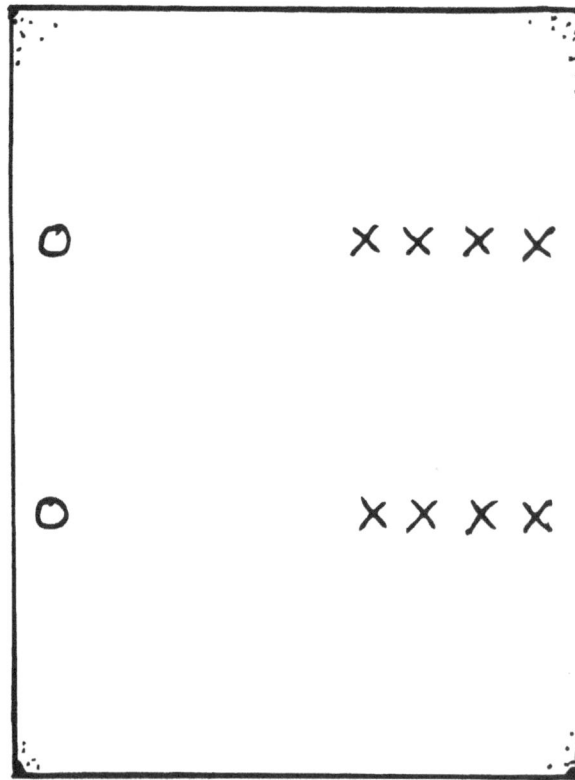

Lernen und Wiederholen von Bibelversen

Stehaufmännchen

Material-Checkliste

- ○ Bibel
- ○ Karten, DIN-A6
- ○ Filzstift
- ○ Stoppuhr oder Uhr mit Sekundenzeiger

Vorbereitung

Schreiben Sie den Vers auf die Karten (für jedes Wort eine Karte).

Spielablauf

Die Kinder sitzen im Kreis und erhalten ein oder zwei Karten in der Wortfolge des Verses. Wenn es unbekannte Wörter gibt, er-klären Sie diese. Nun sagen die Kinder nacheinander als Steh-aufmännchen (schnell aufstehen und wieder hinsetzen) das Wort, das auf ihrer Karte steht.

Um festzustellen, wie schnell die Gruppe einen Vers aufsagen kann, benutzt man eine Stopp-uhr. Anschließend tauschen die Kinder die Karten und versu-chen, die Zeit der vorherigen Runde zu überbieten.

6-7 Jahre

Lernen und Wiederholen von Bibelversen

Nr. 51

Steinspiel

Material-Checkliste

- ⦿ Bibel
- ⦿ blaues Krepp-Papier
- ⦿ graues Tonpapier
- ⦿ Filzstift
- ⦿ Schere

Vorbereitung

Schneiden Sie für jedes Wort des Verses einen »Stein« aus dem grauen Tonpapier und schreiben Sie den Bibelvers auf die »Steine«. (Ist die Gruppe sehr groß, können sie auch ein zweites Set anfertigen.) Das blaue Krepp-Papier in große, breite Streifen schneiden und drehen und auf dem Boden mit Klebeband befestigen. Es soll den Fluss darstellen (Abb.).

Spielablauf

Lesen Sie den Kindern den Vers aus der Bibel vor. Freiwillige dürfen die »Steine« in richtiger Reihenfolge in den Fluss legen. Die Gruppe liest den Vers gemeinsam vor, und die Kinder wechseln sich damit ab, von Wort zu Wort zu gehen. Bei einer zweiten Runde hüpft jeder dann von Stein zu Stein.

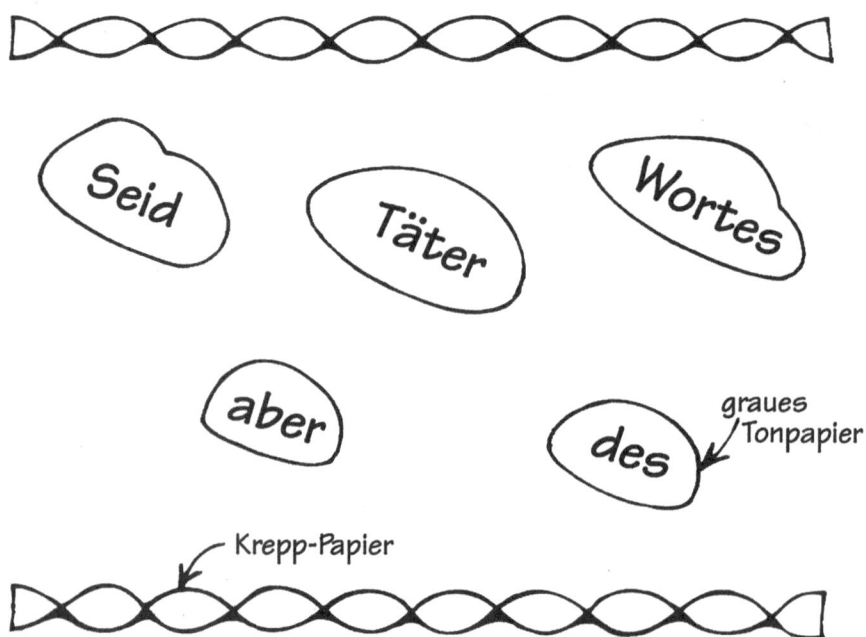

Mit Stimme und Gestik

Material-Checkliste

O Kreide und Tafel
   oder Tonkarton

O Filzstifte und Tesafilm
   oder Heftzwecken

Vorbereitung

Schreiben Sie den Vers an die Tafel oder auf den Tonkarton und unterteilen Sie ihn in vier gleich große Teile (Abb.).

Spielablauf

Nach dem gemeinsamen Lesen des Verses erarbeiten Sie mit den Kindern andere Möglichkeiten, den Vers aufzusagen und zu spielen. Zum Beispiel könnte man, wenn es um »eine freundliche Antwort« geht, alles mit leiser Stimme sagen und Bewegungen machen, als ob man eine Katze streicheln würde. Geht es um »das kränkende Wort« könnte man die Stimme erheben, laut werden und in die Hände klatschen. Üben Sie mit den Kindern, wie man den Vers mit diesen Bewegungen spricht und wie man seine Stimme verändert.

Eine sanfte Antwort	wendet Grimm ab,
aber ein kränkendes Wort	erregt Zorn.

Sprüche 15,1

Nr. 53

Im Gleichschritt

Material-Checkliste

○ Bibel

○ Tafel und Kreide oder OHP und Folie

Vorbereitung

Schreiben Sie den Vers an die Tafel oder auf Folie.

Spielablauf

Die Kinder stellen sich in einer Reihe auf und treten auf der Stelle. Zeigen Sie den Kindern, wie man im Gleichschritt läuft, und sprechen Sie dann den Bibelvers zum Rhythmus der stampfenden Füße. Wenn die Kinder mit dem Vers vertraut sind, können sie wie Wanderer im Raum herummarschieren und ihn aufsagen.

Ⓛ Ⓡ Ⓛ Ⓡ Ⓛ Ⓡ Ⓛ Ⓡ
Ent-hal-te Gu-tes dem nicht vor,

Ⓛ Ⓡ Ⓛ Ⓡ Ⓛ Ⓡ
dem es ge-bührt, wenn es

Ⓛ Ⓡ Ⓛ Ⓡ Ⓛ Ⓡ Ⓛ
in der Macht dei-ner Hän-de

Ⓡ Ⓛ Ⓡ Ⓛ
steht, es zu tun.   Sprüche 3,27

Puzzle-Vers

Material-Checkliste

- ○ Plakatkarton
- ○ Filzstifte
- ○ Schere
- ○ Klebstoff

Vorbereitung

Schreiben Sie den Vers auf Plakatkarton und lassen Sie vier Hauptbegriffe weg (Abb. a). Die fehlenden Wörter werden auf einen kleineren Bogen Plakatkarton geschrieben, und zwar jedes Wort in einer anderen Farbe. Danach zerschneiden Sie jedes Wort in Puzzleteile (Abb. b), die im Raum, im Flur oder ggf. draußen versteckt werden.

Spielablauf

Teilen Sie die Gruppe in vier Teams auf. Legen Sie für jedes Team eine Farbe fest, das die entsprechenden Puzzleteile sucht. Wenn die Teams ihre Teile gefunden und die Wörter zusammengefügt haben, kommt jeweils einer aus der Gruppe nach vorne und klebt sein Wort in die richtige Lücke des Plakats.

a)

> Betrug ist im _____
> derer, die _____ tun,
> bei denen aber, die
> zum _____ raten,
> ist _____. Sprüche 12,20

b)

Herzen Böses
Frieden Freude

Nr. 55

Vers-Stationen

Material-Checkliste

- ○ Bibel
- ○ DIN-A3 oder -A4 Tonpapier
- ○ Sticker oder selbstklebende Punkte
- ○ Tesafilm oder Reißzwecken
- ○ Springseil
- ○ kleines Trampolin oder Gymnastikball
- ○ Gummiball
- ○ Buch
- ○ Für jedes Kind eine leere Karte

Vorbereitung

Bereiten Sie die Schilder mit den entsprechenden Anleitungen vor (Abb.) und legen Sie im Gruppenraum oder draußen fünf verschiedene Stationen fest. Sie befestigen die Schilder bei den Stationen und legen die entsprechenden Gerätschaften bereit. An jeder Station sollte ein Mitarbeiter stehen, der den Vers abhört.

Spielablauf

Jedes Kind erhält eine Karte und geht nun von Station zu Station und führt die Anweisungen aus, die auf den Schildern stehen. Jeder, der die Aufgabe erledigt hat, erhält vom Mitarbeiter einen Sticker. Dieser wird auf die Karte geklebt. Wenn die Kinder mit allen Stationen fertig sind, lesen Sie mit ihnen zusammen den Vers.

Spring mit dem Seil und sage: »Vertraue auf den Herrn! ...«

Spring auf dem Trampolin oder Gymnastikball und sage: »... mit deinem ganzen Herzen ...«

Lass den Ball auf dem Boden springen und sage: »... auf all deinen Wegen erkenne nur ihn, ...«

Balanciere ein Buch auf deinem Kopf und sage: »... dann ebnet er selbst deine Pfade!«

Schlage in der Bibel Sprüche 3, 5 und 6 auf und lies den Text laut vor.

Lernen und Wiederholen von Bibelversen

Wäscheklammer-Rallye

Material-Checkliste

○ Bibel
○ Wäscheklammern
○ Karten
○ Kordel
○ Filzstifte
○ Schere
○ Heftzwecken
○ Timer oder Stoppuhr

Vorbereitung

Schneiden Sie zwei Kordeln in der Länge von 2,50 Metern zurecht. Hängen Sie diese im Raum so auf, dass sie zwei Wäscheleinen darstellen. Schreiben Sie den Bibelvers auf die Karten, und zwar ein Wort pro Karte. Erstellen Sie zwei Sets, und mischen Sie jedes Set gut.

Spielablauf

Lesen Sie den Bibelvers aus der Bibel vor und wiederholen ihn mehrmals mit den Kindern. Teilen Sie die Gruppe in zwei Mannschaften ein. Jede stellt sich vor einer Wäscheleine auf. Stellen Sie ein Set des Bibelverses und Wäscheklammern vor jedes Team. Das erste Kind jedes Teams nimmt sich eine Karte und hängt sie an die Leine. Das nächste Kind nimmt die nächste Karte und hängt sie so auf, dass sie in richtiger Position hängt. Das Spiel dauert so lange, bis jedes Team den Vers in richtiger Reihenfolge an die Wäscheleine gehängt hat. (Stellen Sie den Timer oder die Stoppuhr auf eine vereinbarte Zeit.) Die Teams versuchen, fertig zu sein, bevor es klingelt.

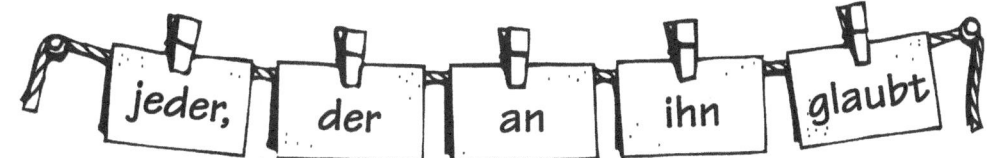

Nr. 57

Buttons austauschen

Material-Checkliste

- ○ Bibel
- ○ Papier
- ○ Tonkarton
- ○ Scheren
- ○ Schachtel
- ○ Klebstoff
- ○ Tesafilm
- ○ Sicherheitsnadeln
- ○ Fotokopierer

Vorbereitung

Schneiden Sie für jedes Kind einen Kreis von 7,5 cm Durchmesser aus Tonkarton aus. Zeichnen Sie einen 5 cm großen Kreis auf Papier und schreiben Sie den Bibelvers hinein. Kopieren Sie diesen für jedes Kind und schneiden Sie ihn aus. Schreiben Sie die Namen der Kinder auf einzelne Papierstreifen und legen Sie diese in eine Schachtel.

Spielablauf

Sie lesen den Bibelvers vor und wiederholen ihn mehrmals mit den Kindern. Dann nimmt sich jedes Kind einen Papierstreifen aus der Schachtel und stellt einen Button für das Kind her, dessen Name auf dem Papierstreifen steht (Abb.).

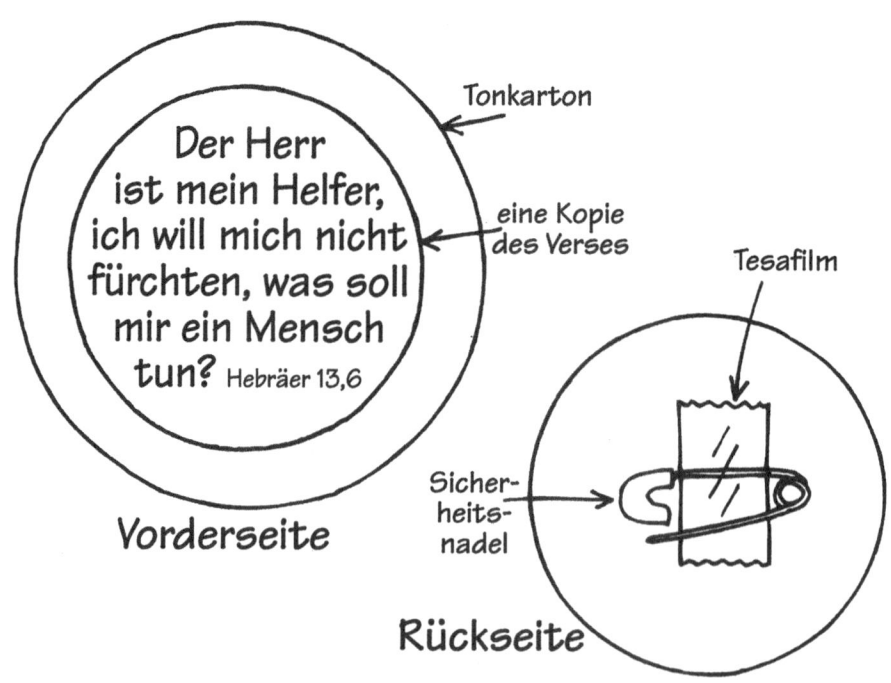

Tonkarton

Der Herr ist mein Helfer, ich will mich nicht fürchten, was soll mir ein Mensch tun? Hebräer 13,6

eine Kopie des Verses

Tesafilm

Sicherheitsnadel

Vorderseite

Rückseite

Bibelvers ausmalen

Material-Checkliste

○ Bibel

○ Tonpapier

○ Schere

○ Filzstifte

○ Wachsmalstifte

○ Klebeband
  oder Heftzwecken

Vorbereitung

Schneiden Sie einen langen Streifen aus Tonpapier zurecht und schreiben Sie den Bibelvers in Blockschrift (hohle Buchstaben) darauf (Abb.). Legen Sie den Vers auf einen Tisch oder auf den Boden im Gruppenraum.

(Sie können auch jeden Buchstaben auf ein einzelnes Blatt Papier schreiben.)

Spielablauf

Lesen Sie den Vers mit den Kindern. Nun malen diese mit Wachsmalstiften oder Filzstiften die Buchstaben des Verses aus. Hängen Sie den ausgemalten Bibelvers im Gruppenraum auf.

Wenn ihr mich liebt, so werdet ihr meine Gebote halten. Johannes 14,5

Nr. 59

Vers-Teamarbeit

Material-Checkliste

O Tafel und Kreide
  oder Tapetenrolle

O Filzstift und Kreppband

Vorbereitung

Schreiben Sie den Bibelvers an die Tafel oder auf Tapetenrolle in fünf Teilen (Abb.).

Spielablauf

Teilen Sie die Gruppe in fünf Mannschaften ein. Jede Mannschaft geht vor einem Teil des Verses in die Hocke (Abb.). Das erste Team steht schnell auf, sagt seinen Teil des Verses und hockt sich sofort wieder hin, dann das zweite usw. Zwischendurch sollten die Plätze der Teams auch einmal getauscht werden.

| Gott will, dass alle | Menschen errettet werden | und zur Erkenntnis | der Wahrheit kommen. | 1.Timotheus 2, 3-4 |

Vers-Variationen

Material-Checkliste

- ○ Bibel
- ○ Kreide, Tafel und Schwamm

Vorbereitung

Schreiben Sie den Bibelvers an die Tafel.

Spielablauf

Lesen Sie den Vers mit den Kindern und bitten Sie einen Freiwilligen, ein Wort des Verses wegzuwischen. Danach liest die Gruppe wieder den Vers und ergänzt das fehlende Wort. Nach jedem ausgelöschten Wort, wird der vollständige Vers wieder gesagt.

Schlagen Sie vor, den Vers auch anders zu lesen (z.B. flüsternd, langsam, schnell, auf einem Bein stehend ...).

Fahren Sie fort, bis der Vers ganz weggewischt wurde und die Kinder ihn auswendig sagen können.

Vertraue auf den Herrn und /// Gutes.

Psalm 37,3

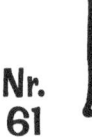

6-7 Jahre

Lernen und Wiederholen von Bibelversen

Nr. 61

Bibelvers-Schatz-Sack

Material-Checkliste

- ○ gelber Filzstoff
- ○ schwarzer Filzstift
- ○ Schere
- ○ Stoffsäckchen

Vorbereitung

Münzen: Schneiden Sie aus dem Filz 10 oder 12 Kreise unterschiedlicher Größe aus (5-10 cm Durchmesser). Schreiben Sie ein oder zwei Wörter des Verses auf jede Münze. Danach werden die Münzen auf der Rückseite nummeriert (Abb.) und in das Säckchen gelegt.

Spielablauf

Zeigen Sie der Gruppe das Säckchen: »In diesem Schatz-Säckchen ist eine Nachricht versteckt. Versucht, sie zu entschlüsseln.«

Die Kinder bemühen sich gemeinsam, den Vers in die richtige Reihenfolge zu bringen. Sind Leseanfänger dabei, dürfen diese die Münzen nach den Zahlen auf der Rückseite sortieren. Dann werden die Münzen gewendet.

Wenn der Vers in der richtigen Reihenfolge liegt, lesen Sie ihn gemeinsam mit den Kindern. Damit die Kinder den Vers schneller lernen, können Freiwillige eine Münze in den Sack zurücklegen und den Vers noch einmal wiederholen.

Daran · wie Gott · seine · sieht man · uns · Liebe zeigte. · Er sandte · einzigen · zu uns. · seinen · Sohn

Rückseite

1 · 3 · 5 · 2 · 4 · 6 · 7 · 9 · 11 · 8 · 10

6-7 Jahre

Lernen und Wiederholen von Bibelversen

Vers-Rhythmus

Nr. 62

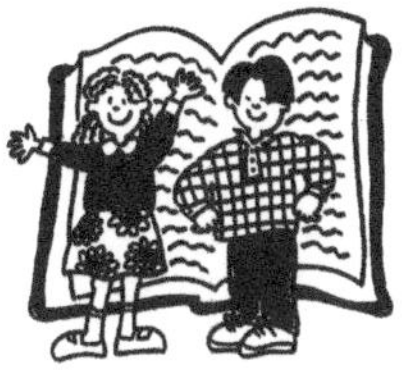

Material-Checkliste

Kein Material benötigt

Vorbereitung

Üben Sie, den Vers in einem Rhythmus zu sprechen, unterstrichene Wörter oder Silben zu betonen und in die Hände zu klatschen. Das Klatschen wird durch X gekennzeichnet (Abb.).

Spielablauf

Machen Sie der Gruppe den Rhythmus des Verses vertraut. Die Kinder sollen nach einiger Zeit mitmachen.
Wenn die Gruppe sicherer wird, versuchen Sie, den Vers schneller zu sprechen.

Wenn ich alle meine <u>Habe</u> x x x

zur Speisung der <u>Armen</u> austeile, x x x

aber keine <u>Liebe</u> habe, x x x

so nützt es mir <u>nichts</u>. x x x

1. Korinther 13,3

Schatzsuche

Material-Checkliste

- ○ Tonpapier in zwei verschiedenen Farben
- ○ Filzstift
- ○ Schere

Vorbereitung

Schneiden Sie verschiedene geometrische Formen von unterschiedlicher Größe aus dem ersten Tonpapier aus. Auf jede Form wird ein Wort des Bibelverses geschrieben (Abb.).

Die geometrischen Formen werden auf der anderen Seite nummeriert. Dann stellen Sie aus dem anderen Tonpapier ein zweites Set her. Verstecken Sie nun alles im Raum.

Spielablauf

Teilen Sie die Gruppe in zwei Teams ein. Jede Mannschaft bekommt eine Farbe zugeteilt. Jetzt soll jedes Team seine Formen suchen. Danach sollen sie den Vers in die richtige Reihenfolge bringen. Wenn sie dies geschafft haben, sagen Sie gemeinsam mit der ganzen Gruppe den Vers auf. Jedes Team darf danach einzeln den Vers aufsagen.

Bibelmemory-Verspuzzle

Material-Checkliste

- ○ Bibel
- ○ 4 verschiedenfarbige Tonpapiere
- ○ Filzstifte
- ○ Schere
- ○ Karten

Vorbereitung

Schneiden Sie aus den farbigen Papieren verschiedene Formen (Kreise, Dreiecke, Quadrate, Rechtecke) aus und schreiben Sie anschließend den Bibelvers darauf (Abb.). Jede Form wird in drei oder vier Teile zerschnitten. Den Lernvers zusätzlich für jedes Kind auf eine Karte schreiben.

Spielablauf

Verteilen Sie die Puzzleteile an die Kinder. Diese sollen die Formen zusammensetzen und anschließend in die Reihenfolge bringen, wie der Wortlaut des Bibelverses ist, den sie auf der Karte stehen haben.

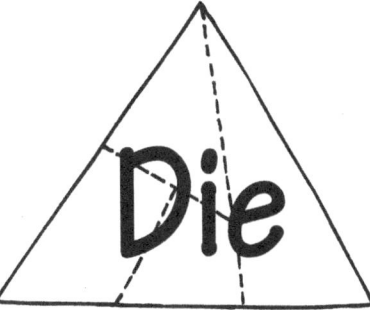
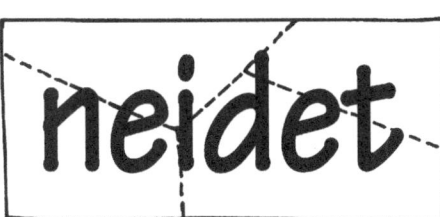

6-7 Jahre

Lernen und Wiederholen von Bibelversen

Vers-Fußspuren

Material-Checkliste

O Kreide

Vorbereitung

Auf einer Spielfläche im Freien malen Sie eine Fußspur auf den Boden (für jedes Wort des Verses einen Fußabdruck) und schreiben Sie den Vers hinein (Abb.).

(Alternativ können Sie den Vers in Fußabdrücke aus Pappe schreiben und diese im Raum auslegen.)

Spielablauf

Die Kinder stellen sich an den Anfang der Fußspur, hüpfen auf die Fußabdrücke und sagen dabei die Worte, die sie berühren. Sind die Kinder mit dem Vers vertraut, hüpfen sie so schnell wie möglich auf der Fußspur.

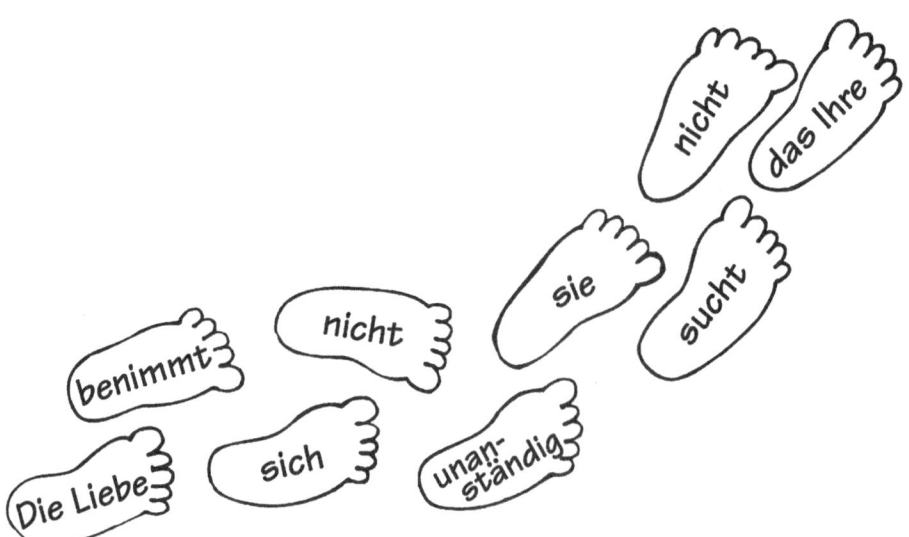

Lernen und Wiederholen von Bibelversen

Farben suchen

Material-Checkliste

○ Tonpapier in neun verschiedenen Farben

○ Filzstift

○ Schere

Vorbereitung

Schneiden Sie aus jeder Farbe eine Form: z.B. Boot, Fisch, Stern, Regenbogen, Auto, Haus, Drachen, Schiff, Baum, Muschel (Abb.). Schreiben Sie auf jede Form ein Wort des Bibelverses. Die Formen bringen Sie gut sichtbar im Raum an.

Spielablauf

Flüstern Sie jedem Kind eine Farbe ins Ohr. Die Kinder suchen die entsprechende Form und legen den Vers in die richtige Reihenfolge. Nun können Sie den Vers mit den Kindern zusammen aufzusagen.

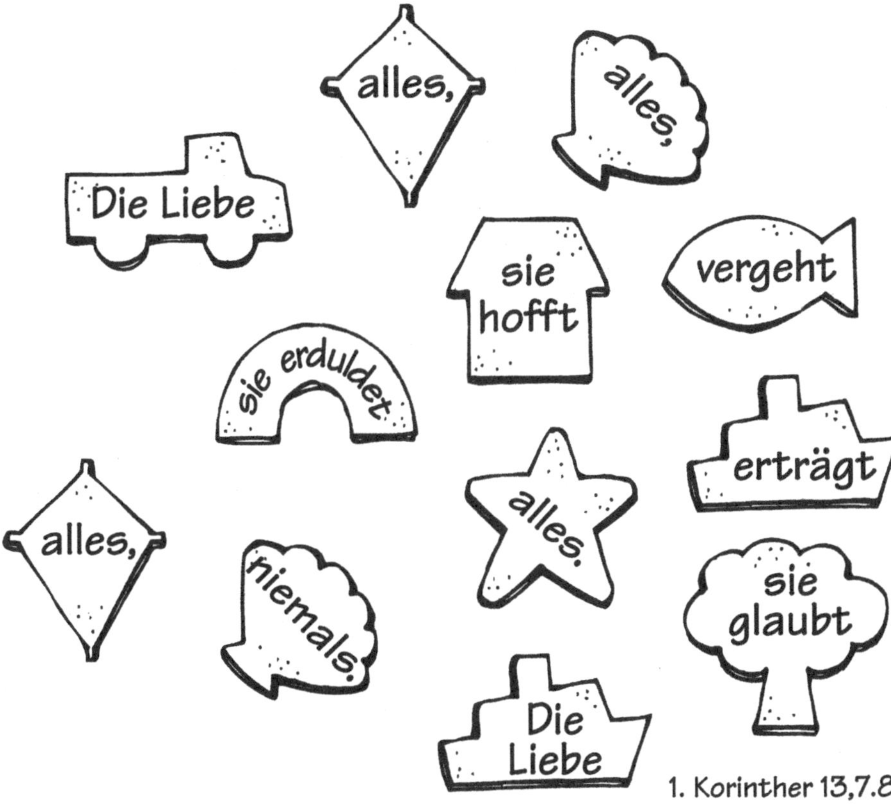

alles,

alles,

Die Liebe

sie hofft

vergeht

sie erduldet

erträgt

alles,

niemals.

alles.

sie glaubt

Die Liebe

1. Korinther 13,7.8

6-7 Jahre
Anwendung aufs Leben

Nr. 67

Tierfamilien

Material-Checkliste

○ Tafel und Kreide oder Tonpapier und Filzstift

Vorbereitung

Keine

Spielablauf

Regen Sie in der Gruppe eine kurze Unterhaltung zum Thema »Familie« an, z.B.: *»Wie viele Personen sind in eurer Familie? Leben in jeder Familie gleich viele Leute? Was macht ihr als Familie gerne gemeinsam? Hat jede Familie die gleichen Interessen?«*

Nennen Sie ein Tier, das die Kinder imitieren sollen, zum Beispiel einen Hund. Bei einem Signal (Licht an- und ausschalten o.ä.) gehen die Kinder durch den Raum und imitieren Hunde. Bei einem zweiten Signal müssen die Kinder regungslos stehen bleiben. Wenn Sie eine Zahl sagen, zum Beispiel »drei«, sollen sich die Kinder schnell in 3er »Hundefamilien« zusammenfinden.

Wiederholen Sie das Spiel einige Male, immer mit anderen Tieren und anderen Zahlen. Am Ende sprechen Sie mit den Kindern darüber, was sie an einer großen Familie oder an einer kleinen Familie mögen.

Bauern-Rennen

Material-Checkliste

O 2 Paar Gummistiefel

O 2 Strohhüte

O Pappbogen

O Filzstifte

O Kreppband

O Hindernisparcours:
Brücke (ein Tisch),
Tor (Besen, auf zwei Stühle
gelegt), Kürbisfeld (Kegel
auf dem Boden)

Vorbereitung

Bauen Sie zwei identische Hindernisparcours auf (siehe Abb.). Hängen Sie die Pappbögen ans Ende jedes Parcours an die Wand, legen Sie Filzstifte davor und markieren Sie mit Kreppband eine Startlinie.

Spielablauf

Sprechen sie mit den Kindern zunächst darüber, was jemanden glücklich oder traurig machen kann.

Teilen Sie die Gruppe in zwei Mannschaften. Jede Mannschaft stellt sich hinter ihrer Startlinie auf, je ein Mitarbeiter steht am Ende des Hindernisparcours.

Gibt der Mitarbeiter ein Zeichen, setzt sich der erste Spieler den Strohhut auf, zieht die Gummistiefel an und läuft durch den Hindernisparcours zu der Pappe und malt etwas, was ihn glücklich macht. Das Kind rennt wieder zur Startlinie, gibt Hut und Stiefel an den nächsten Spieler weiter, der nun durch den Parcours rennen muss.

Das Spiel ist zu Ende, wenn jeder an der Reihe war. Nun raten die Teams, was die andere Mannschaft gemalt hat.

Notiz: Man kann auch Früchte des Geistes malen lassen. Zum Beispiel malen die Kinder, wie man Liebe und Geduld üben oder Frieden leben könnte.

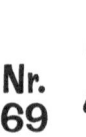

**Nr.
69**

Flower-Power

Material-Checkliste

- ○ CD mit Kinderliedern und CD-Player
- ○ farbiges Tonpapier
- ○ Schere
- ○ Klebstoff
- ○ 10 Eisstiele
- ○ Schuhkarton oder Styroporplatte
- ○ Filzstift
- ○ Klebeband
- ○ ein Stuhl für jedes Kind

Vorbereitung

Schneiden Sie Blumen aus dem Tonpapier aus und kleben Sie diese auf die Eisstiele. Auf die Rückseite der Stiele schreiben Sie jeweils einen Buchstaben: B, E, G, I, K, L, M, S (oder andere Buchstaben, mit denen die Antworten auf Ihre Fragen beginnen - siehe Spielablauf). Stecken Sie die Blumen in den Schuhkarton oder die Styroporplatte zu einem »Blumengarten« (siehe Abb.). Schneiden Sie eine größere Blume aus dem Tonpapier und kleben Sie diese auf die Unterseite eines Stuhls. Stellen Sie alle Stühle in einen Kreis um den »Blumengarten« herum.

Spielablauf

Jedes Kind setzt sich auf einen Stuhl. Beginnt die Musik, wird das Licht gelöscht. Die Kinder gehen dann in der Mitte des Kreises hin und her. Stoppt die Musik, wird das Licht wieder angemacht und jedes Kind setzt sich auf den Stuhl, der ihm am nächsten steht.

Das Kind, das auf dem Stuhl mit der Blume sitzt, darf sich eine Blume aus dem Blumengarten nehmen. Dann bittet der Mitarbeiter das Kind, einen der folgenden Sätze zu beenden. Die Antwort muss mit dem Buchstaben auf seiner Blume anfangen.

Beispiel:

- »Ich kann zu meinem Bruder freundlich sein, indem ich ... (ihn beim Fernsehen eine Sendung aussuchen lasse).«
- »Ich kann zu meinen Eltern freundlich sein, indem ich ...«
- »Ich kann zu meinen Schulkameraden freundlich sein, indem ich ...«

Anschließend steckt das Kind die Blume zurück in den Garten. Fahren Sie mit dem Spiel fort, bis jeder die Möglichkeit hatte, sich eine Blume zu nehmen.

Fragen zu anderen Themen, z.B. »Ich bin geduldig, wenn ...« oder »Gott hilft mir, mich nicht zu sorgen, wenn ...«

Steinige Fragen

Material-Checkliste

- Filzstifte
- Klebstoff
- Spielfläche im Freien
- Kreide
- mittelgroßer Stein mit flachem Boden für jeden Spieler
- eine Karte pro Spieler

Vorbereitung

Schreiben Sie auf die Karten einfache Fragen zur Anwendung der biblischen Geschichte im Alltag. (Denken Sie daran, kurze Sätze zu bilden.) Für jedes Kind wird ein Stein vorbereitet (siehe Abb.).

Verstecken Sie die Steine innerhalb der Spielfläche. Mit Kreide schreiben Sie ein Wort, das in der Stunde behandelt wurde, auf den Boden, zum Beispiel »Liebe«, »Vergebung« usw. (Alternativ kann das Wort auch auf ein Blatt Papier geschrieben werden.)

Spielablauf

Jedes Kind sucht einen Stein und stellt sich neben die Fundstelle. Rufen Sie nun ein Kind nach dem anderen auf, um seinen Stein aufzuheben und die Frage zu beantworten. (Wenn nötig, helfen Sie Leseanfängern.) Nach der Antwort legt das Kind den Stein zu dem Wort, das Sie auf den Boden geschrieben haben.

Stein

Wie kann man einem Freund helfen?

Was passiert, wenn wir kränkende Worte benutzen?

6-7 Jahre

Anwendung aufs Leben

Stille Post

Material-Checkliste

○ Schreibpapier
○ Stifte

Vorbereitung

Keine

Spielablauf

Teilen Sie die Gruppe in Teams zu je 6-8 Spielern ein. Jedes Team stellt sich in einer Reihe auf. Legen Sie Papier und einen Stift an das Ende jeder Reihe.

Dem ersten Kind wird ein Satz ins Ohr geflüstert, der zum Inhalt der biblischen Geschichte passt (z.B. Gott möchte, dass wir mit anderen teilen). Die Teams flüstern den Satz nun von Spieler zu Spieler weiter, bis er am Ende der Reihe angekommen ist. Das letzte Kind schreibt den gehörten Satz auf einen Zettel und geht mit diesem nach vorne. (Das Kind kann dem Mitarbeiter auch den Satz sagen, anstatt ihn aufzuschreiben.) Für jeden richtigen Satz bekommt ein Team 10 Punkte. Spielen Sie das Spiel mit weiteren Sätzen.

Buchstaben sammeln

Material-Checkliste

- ⭘ Filzstift
- ⭘ Tafel und Kreide oder OHP und Folie
- ⭘ Schere
- ⭘ Karten (für jede 4er Gruppe 42 Stück)

Vorbereitung

Schreiben Sie folgende Wörter in großen Druckbuchstaben auf die Karten (einen Buchstaben auf eine Karte): teilen, helfen, erzählen, kümmern, lieben, beten. Auf den übrigen Karten notieren Sie die Buchstaben E, L, N und *. Für jede Gruppe mit vier Kindern bereiten Sie ein Kartenset vor.

Spielablauf

Sprechen Sie mit den Kindern über Taten, die sich Gott von seinen Kindern wünscht. Schreiben Sie die genannten Begriffe an die Tafel oder auf Folie, z.B. lieben, beten, helfen, teilen, (sich um andere) kümmern. Danach teilen Sie die Kinder in Vierergruppen ein und geben jeder Gruppe ein Kartenset.

Jedes Kind nimmt sich nun acht Karten und legt diese vor sich hin. Die restlichen Karten werden gesondert mit den Buchstaben nach unten gestapelt. Die erste Karte auf dem Ablagestapel bleibt aufgedeckt. Das erste Kind überlegt, ob es die aufgedeckte Karte zur Vervollständigung eines Wortes gebrauchen kann. Falls ja, nimmt es die Karte und legt dafür eine andere unter den Ablagestapel. Kann es die Karte jedoch nicht gebrauchen, darf das zweite Kind sie eintauschen usw. Dann wird die nächste Karte vom Ablagestapel aufgedeckt.

Die Karte mit * kann man für jeden Buchstaben ersetzen. Das Kind, welches zuerst ein Wort gelegt hat, ist der Sieger. Das Spiel kann aber auch erst dann beendet werden, wenn alle Kinder einer Gruppe ein Wort vollständig haben.

Nach diesem Spiel können Sie ein Gespräch beginnen, indem Sie Fragen zu den Begriffen stellen, z.B.: »*Wie können Christen zeigen, dass sie sich um andere Menschen kümmern?*«

6-7 Jahre

Anwendung aufs Leben

Nr. 73

Handpuppenspiel

Material-Checkliste

○ 3 Handpuppen

○ Tisch oder etwas anderes, was als Puppenspielerbühne genutzt werden kann

Vorbereitung

Keine

Spielablauf

Zeigen Sie den Kindern, wie man mit Handpuppen spielt, und bereiten Sie die »Bühne« für eine kurze Szene vor, die die Anwendung der biblischen Geschichte im Alltag verdeutlicht, z.B. dass man freundlich oder hilfsbereit sein soll: *»Oh, meine ganzen Stifte liegen auf dem Boden verteilt. Was soll ich jetzt tun?«*

Die Puppen können Ihnen helfen, die Stifte aufzuheben.

Am Schluss der Szene könnten Sie sagen: *»Dankeschön. Du hast Gottes Wort gehorcht, weil du jemandem geholfen hast.«*

Drei Kinder dürfen nun nach vorne kommen, um mit den Puppen eine kurze Szene vorzuspielen. Das Spiel ist zu Ende, wenn jeder einmal die Gelegenheit hatte, mit den Puppen zu spielen.

Überlegen Sie sich verschiedene Situationen für die Spielszenen und geben Sie den Kindern, wenn nötig, Impulse.

Buchstaben tasten

Material-Checkliste

- ○ mehrere Tüten
- ○ feines Sandpapier (Schleifpapier)
- ○ Schere

Vorbereitung

Schneiden Sie aus Sandpapier Buchstaben aus, um Wörter wie »WEISE, HÖREN, LERNEN« legen zu können. Alle Buchstaben eines Wortes kommen in eine Tüte.

Spielablauf

Erklären Sie den Kindern: »*Wir werden ein wichtiges Wort aus der Geschichte buchstabieren und zwar das Wort WEISE.*«

Schreiben Sie dieses Wort an die Tafel oder auf Folie. Jetzt darf ein Freiwilliger seine Hand in die Tüten stecken, den Buchstaben »W« ertasten und ihn herausholen. Fragen Sie die Kinder, welcher Buchstabe als Nächstes kommt. Ein anderes Kind ertastet den Buchstaben »E«, ohne in die Tüte zu schauen.

Fahren Sie mit dem Spiel fort, bis das Wort fertig buchstabiert ist. Das Kind, das den letzten Buchstaben herausgeholt hat, darf das Wort sagen und einen Satz damit bilden.

Sprechen Sie darüber, was es bedeutet, weise zu sein. Wiederholen Sie das Spiel mit anderen Wörtern.

Spiele für Kinder von 8 bis 9 Jahren

Straßenecken

Material-Checkliste

○ Pappbogen
○ roter und grüner Tonkarton
○ 2 Lineale oder Holzstäbe
○ Filzstift
○ Schere
○ Papier
○ Stift
○ Klebeband

Vorbereitung

Für die Straßenschilder zerschneiden Sie den Pappkarton und beschriften ihn wie in Abb. a) zu sehen ist. Befestigen Sie diese in vier verschiedenen Ecken des Gruppenraumes. Schneiden Sie aus dem roten und grünen Tonkarton jeweils ein Achteck, auf das Sie »Stopp« und »Gehen« schreiben. Befestigen Sie die Schilder an Linealen oder Holzstäben (Abb. b).

Notieren Sie sich auf einem Blatt Papier verschiedene Fragen, die mit »was, wo, warum und wer« beginnen und sich auf die biblische Geschichte beziehen (Abb. c).

Erstellen Sie gleich viele Fragen zu jedem Fragewort.

Spielablauf

Teilen Sie die Gruppe in vier Teams ein. Der Mitarbeiter steht in der Mitte des Raumes und hält das »Gehen-Schild« in die Höhe, während die Mannschaften im Kreis durch den Raum gehen, ohne sich zu berühren. Irgendwann hält der Mitarbeiter das »Stopp-Schild« hoch. Sobald die Kinder das merken, laufen die Teams zu der nächsten Ecke und setzen sich dort. (Jede Mannschaft muss in einer anderen Ecke sitzen.) Das Team, das als Erstes sitzt, bekommt einen Punkt. Sitzen alle Teams, bekommen sie eine Frage gestellt, die sich auf ihr Straßenschild bezieht. Wird die Frage richtig beantwortet, erhalten sie einen Punkt. Ist die Antwort falsch, darf ein anderes Team versuchen, die Frage zu beantworten.

Das Spiel geht weiter, wenn der Mitarbeiter das »Gehen-Schild« hebt. Es ist zu Ende, wenn alle Fragen gestellt wurden. Die Mannschaft mit den meisten Punkten hat gewonnen.

a)

Was-Straße

Wo-Gasse

Warum-Platz

Wer-Weg

b)

STOPP | GEHEN

Lineal

c)

Was taten Jonathan und David, als sie sich voneinander verabschiedet hatten?

Wo versteckte sich David vor Saul?

Wer heiratete David?

Warum wollte Saul David töten?

Nr. 76

Ess-Stäbchen-Rennen

Material-Checkliste

- ○ Bibel
- ○ 2 große Schüsseln
- ○ 3 kleinere Schüsseln
- ○ Filzstift
- ○ Papier
- ○ Stift
- ○ Tisch
- ○ Kreide und Tafel oder großes Blatt Papier
- ○ Tischtennisball für jedes Kind oder Marshmallows
- ○ 2 Essstäbchen pro Kind

Vorbereitung

Schreiben Sie sich richtige und falsche Aussagen zur Geschichte auf, und zwar eine Aussage für zwei Kinder. Denken Sie sich auch Ereignisse aus, die nicht in der Geschichte vorkommen.

Beispiele:

- Ruth war Noomis Schwiegertochter. (richtig)
- Ruth und Noomi zogen nach Ägypten. (falsch)
- Noomi nähte gerne. (nicht in der Geschichte)

Schreiben Sie auf Zettel »richtig«, »falsch« und »nicht in der Geschichte« (Abb. a). Kleben Sie die Zettel an den Rand der kleinen Schüsseln und stellen Sie diese auf einen Tisch an einer Seite des Raumes. Die Tischtennisbälle kommen in die großen Schüsseln, die auf der gegenüberliegenden Seite auf den Boden gestellt werden.

Spielablauf

Teilen Sie die Gruppe in zwei gleich große Mannschaften ein. (Bleibt jemand übrig, darf er die falschen oder richtigen Aussagen vorlesen.) Die Teams stellen sich jeweils in einer Reihe zwischen dem Tisch und den Schüsseln auf (Abb. b). Jeder Spieler erhält zwei Essstäbchen. Der Mitarbeiter liest eine Aussage vor und sagt »Los!« Jeweils der erste Spieler nimmt mit den Stäbchen einen Tischtennisball hoch. (Sie können auch Marshmallows verwenden, wenn es mit Tischtennisbällen zu schwierig ist.) Der Ball wird zum Nächsten weitergegeben. Am einfachsten ist das Weitergeben, wenn der Ball an der Spitze der Stäbchen liegt (Abb. c).

Ist der Ball am Ende der Reihe angelangt, lässt ihn der letzte Spieler in die richtige Schüssel fallen. Dann läuft er zum Anfang der Reihe.

Das Team, das zuerst die richtige Schüssel trifft, bekommt einen Punkt. Fahren Sie mit dem Spiel fort, bis jeder Spieler die Möglichkeit hatte, den Ball in die Schüssel zu werfen.

Der Mitarbeiter zählt die Punkte an der Tafel oder auf einem Blatt Papier. Fragen Sie zum Schluss: *»Welcher Teil der Geschichte ist am wichtigsten?«*, *»Warum?«*, *»Was habt ihr aus der Geschichte gelernt?«*

a) RICHTIG FALSCH NICHT IN DER GESCHICHTE

b)

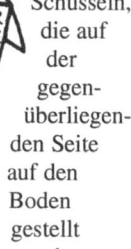
c)

Berufe raten

Material-Checkliste

○ Bibel
○ 20 große Karten
○ Filzstift

Vorbereitung

Wählen Sie einen Bibelvers oder eine biblische Geschichte aus, die Sie mit den Kindern behandelt haben. Schreiben Sie zehn Ereignisse aus der Geschichte (oder Wörter eines Verses) jeweils auf eine Karte (Abb. a). Erstellen Sie zwei gleiche Sets.

Spielablauf

Teilen Sie die Gruppe in zwei Mannschaften ein, die sich wie in Abb. b) aufstellen. Mischen Sie alle Karten und legen Sie diese umgedreht vor den Mannschaften auf den Boden.

Teilen Sie den Kindern der ersten Mannschaft jeweils einen Beruf zu: Busfahrer, Feuerwehrmann, Polizist, Buchhändler, Arzt, Frisör, Lehrer, Bäcker etc. Das zweite Team bekommt dieselben Berufe zugeteilt.

Um das Spiel zu beginnen, beschreiben Sie einen Beruf, z.B.: »Ich fahre Leute von einem Ort zum anderen.« Die zwei Kinder, auf die die Beschreibung passt, nehmen sich schnell eine Karte und bringen Sie zu ihrem Team. Danach beschreiben Sie den nächsten Beruf. Nachdem wieder eine Karte zur Mannschaft gebracht wurde, ordnen die Teams sie in der richtigen Reihenfolge des Geschichtsverlaufes.

Nimmt sich ein Kind eine Karte, die die Mannschaft schon besitzt, bringt der nächste Spieler sie zurück, bevor er sich eine neue nimmt.

Die Mannschaft, die zuerst alle Karten in die richtige Reihenfolge gebracht hat, hat gewonnen.

Am Ende besprechen Sie mit den Kindern folgende Fragen: »Welches der Ereignisse ist am wichtigsten?«, »Warum?«, »Was wollen uns die Personen der Geschichte sagen?«, »Wie tun sie das?«

a)

| Jesus besuchte Maria und Martha. | Martha putzte das Haus. | Maria redete mit Jesus. |

| Martha wurde wütend. | Jesus liebte Maria und Martha. | Jesus wurde gefangen genommen und gekreuzigt. |

| Maria und Martha waren traurig und weinten. | Jesus ist auferstanden. | Jesus starb, damit unsere Sünden vergeben werden konnten. |

Jeder hat seinen besonderen Platz in Gottes Familie.

b)

Busfahrer
Polizist
Frisör
Verkäufer
Bäcker

Bäcker
Verkäufer
Frisör
Polizist
Busfahrer

Nr. 78

Stuhlrennen

Material-Checkliste

- ○ Bibel
- ○ 4 Stühle
- ○ Papier
- ○ Stift
- ○ große Karten
- ○ Klebeband

Vorbereitung

Wählen Sie eine biblische Geschichte aus, die mit den Kindern durchgenommen wurde. Schreiben Sie sich dazu richtige und falsche Aussagen auf, und zwar eine für jeweils zwei Kinder. Schreiben Sie auf eine Karte »richtig«, auf die andere »falsch« und befestigen Sie diese an zwei Stühlen (siehe Abb.a).

Spielablauf

Teilen Sie die Gruppe in zwei gleich große Mannschaften. (Bleibt jemand übrig, darf er die richtigen und falschen Aussagen vorlesen.) Die Mannschaften setzen sich auf den Boden (Abb. b) und jeder Spieler erhält eine Zahl.

Nun liest der Mitarbeiter eine Aussage vor und ruft eine Zahl. Die beiden Spieler mit dieser Zahl springen auf und rennen zu dem »richtig« oder »falsch« Stuhl ihres Teams.

Derjenige, der zuerst auf dem richtigen Stuhl sitzt, erhält für seine Mannschaft einen Punkt. Im Fall eines Gleichstands bekommt jede Mannschaft einen Punkt. Fahren Sie mit dem Spiel fort, bis alle Aussagen vorgelesen wurden. Jede falsche »Antwort« sollte korrigiert werden.

Wiederholen Sie das Spiel, wenn es die Zeit erlaubt.

Stühle für Mannschaft 1

b)

Mannschaft 1

Mannschaft 2

Stühle für Mannschaft 2

RICHTIG   FALSCH

a)

Früchte platzen

Material-Checkliste

- ○ Bibel
- ○ schmale Papierstreifen
- ○ Stift
- ○ 10 gleichfarbige Luftballons pro Gruppe
- ○ Müllsäcke

Vorbereitung

Schreiben Sie 10 Ereignisse aus der biblischen Geschichte auf, die Sie wiederholen möchten, und zwar immer ein Ereignis pro Papierstreifen (siehe Abb.). Rollen Sie diese zusammen und stecken Sie einen in jeden Ballon. Die Ballons werden aufgeblasen, verknotet und in Müllsäcke gesteckt, und zwar ein Sack für je 6 bis 8 Spieler.

(Erstellen Sie z.B. ein Set von orangefarbenen Ballons und nennen es »Orangen«. Das Set mit den lila Luftballons kann »Weintrauben« genannt werden, usw.)

Spielablauf

Teilen Sie die Gruppe in Teams von 6 bis 8 Spielern ein. Geben Sie jedem Team einen Müllsack mit Ballons. Bei einem Zeichen holen die Spieler die Ballons heraus, bringen sie zum Platzen und ordnen die Ereignisse der biblischen Geschichte in die richtige Reihenfolge. (Hat ein Kind Angst vor den platzenden Ballons, stellen Sie ihm frei mitzumachen. Es kann trotzdem beim Sortieren helfen.)

Haben alle Teams es geschafft, die Ereignisse zu ordnen, sprechen Sie über die Geschichte. Zum Beispiel: »*Welches dieser Ereignisse war das wichtigste?*«, »*Warum?*«, »*Was können wir von dieser Geschichte lernen?*«, »*Welche der Personen war am geduldigsten?*«, »*Wie zeigte sie das?*«

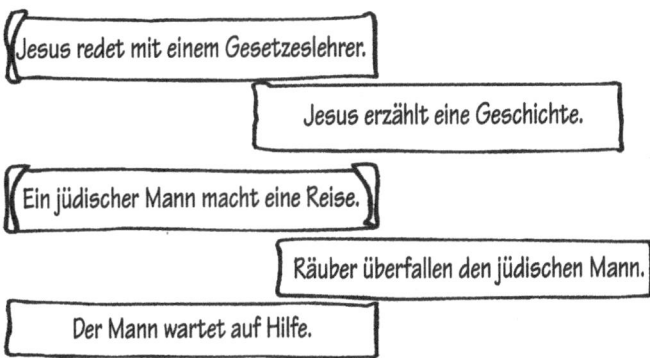

Jesus redet mit einem Gesetzeslehrer.

Jesus erzählt eine Geschichte.

Ein jüdischer Mann macht eine Reise.

Räuber überfallen den jüdischen Mann.

Der Mann wartet auf Hilfe.

Der Priester beachtet ihn nicht.

Ein Levit geht an ihm vorüber.

Ein Samariter verbindet seine Wunden.

Der Samariter bringt ihn in eine Herberge.

Jesus sagt zu dem Gesetzeslehrer: »Sei freundlich wie der Samariter.«

Nr. 80 Ball werfen

Material-Checkliste

- ○ Bibel
- ○ 3 Körbe oder Kisten
- ○ eine kleine Karte für jedes Kind
- ○ Filzstift
- ○ Softball
- ○ 3 große Karten
- ○ Klebeband
- ○ großes Blatt Papier oder Tafel und Kreide

Vorbereitung

Beschriften Sie drei große Karten mit »richtig«, »falsch« und »nicht in der Geschichte«. Befestigen Sie jede Karte an einem Korb. Schreiben Sie für jedes Kind auf eine Karte eine Aussage zur biblischen Geschichte, die richtig oder falsch ist oder gar nicht in der Geschichte vorkommt. (Sie können auch mehrere Karten für die Kinder erstellen.)

Spielablauf

Teilen Sie die Gruppe in zwei Mannschaften ein, die sich im Abstand von ca. zwei Metern vor den Körben aufstellen. Ein Kind darf die Punkte aufschreiben.

Der erste Spieler eines Teams nimmt eine Karte und liest die Aussage vor und sagt, ob sie richtig, falsch oder gar nicht in der Geschichte vorhanden ist. Für die richtige Antwort gibt es fünf Punkte und nochmals fünf, wenn er anschließend mit dem Ball den passenden Korb trifft. Wird eine falsche Antwort gegeben, berichtigen Sie diese. Wenn er in den richtigen Korb trifft, kann der Spieler immer noch fünf Punkte holen.

Die Mannschaften wechseln sich ab, die Karten mit den Aussagen dürfen mehrmals verwandt werden. Die Punkte werden an einer Tafel oder auf dem großen Blatt gezählt.

Zähl die Karten

Material-Checkliste

- ○ 30 DIN-A6 Karten
- ○ Würfel
- ○ Stift

Vorbereitung

Schreiben Sie auf jede Karte eine richtige oder eine falsche Aussage der biblischen Geschichte, die Sie wiederholen möchten.

Spielablauf

Legen Sie die Karten verdeckt auf den Tisch, fünf Reihen zu je sechs Karten. Teilen Sie die Gruppe in zwei Mannschaften ein. Ein Spieler aus Team A beginnt mit dem Würfeln. Es wird anhand der gewürfelten Zahl von links oben nach rechts gezählt. Die entsprechende Karte darf aufgedeckt und die Behauptung laut vorgelesen werden (siehe Abb.).

Die Spieler seines Teams entscheiden nun, ob die Aussage richtig oder falsch ist. Ist die Antwort richtig, darf die Karte behalten werden. Wenn die Behauptung auf der Karte falsch ist, muss das Team noch erklären, was nicht korrekt ist, um die Karte behalten zu können.

Wurde die Aussage falsch bewertet, wird die Karte umgedreht zurückgelegt. Dieser Regel folgen die Spieler des zweiten Teams. Wenn zum Beispiel eine vier gewürfelt wird, müssen sie ab der umgedrehten Karte vier nach rechts zählen. Das Spiel wird so lange gespielt, bis keine Karten mehr vorhanden sind oder die Zeit um ist. Gewonnen hat das Team, welches die meisten Karten gesammelt hat.

8-9 Jahre

Wiederholung biblischer Geschichten

Nr. 82 Blinde Kuh

Material-Checkliste

- ○ großes Blatt Papier
- ○ Filzstift
- ○ Klebeband
- ○ Augenbinde

Vorbereitung

Schreiben Sie 10-15 Wörter, die in der biblischen Geschichte vorkamen, und einige zusätzliche Wörter auf ein Blatt Papier. Hängen Sie dieses gut sichtbar im Raum auf.

Spielablauf

Verbinden Sie einem Freiwilligen die Augen und drehen ihn dreimal um sich selbst. Danach führen Sie ihn zu dem Papier, das er mit dem Zeigefinger berühren soll. Die Augenbinde wird wieder abgenommen. Hat das Kind mit dem Finger ein Wort getroffen, muss es sagen, ob es in der biblischen Geschichte vorkommt. Wenn ja, wiederholt das Kind kurz den Zusammenhang. Ist sich das Kind unsicher, darf es sich von anderen helfen lassen. Wiederholen Sie das Spiel, bis alle Wörter einmal erklärt wurden.

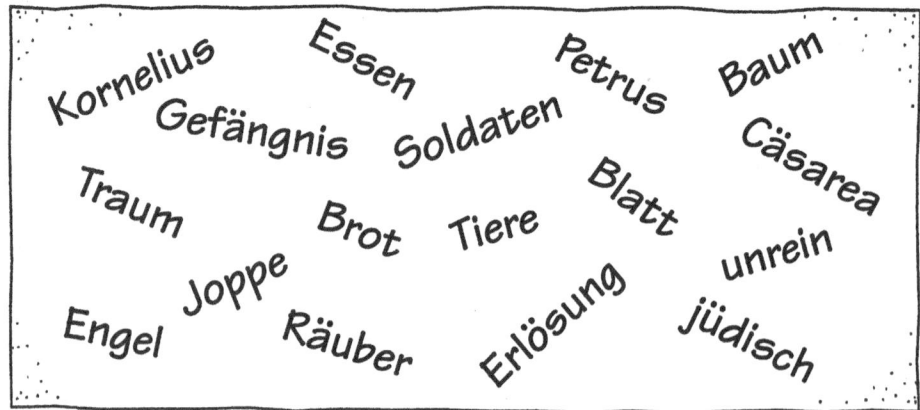

Stuhljagd

Material-Checkliste

○ Zettel (einen weniger als Kinder)

○ Stift

○ Stühle (einen weniger als Kinder)

Vorbereitung

Schreiben Sie jeweils ein Wort, das mehrmals in der Geschichte vorkam, auf die Zettel. Stellen Sie die Stühle im Kreis auf.

Spielablauf

Die Kinder sitzen auf den Stühlen, ein Kind steht in der Kreismitte. Alle, die sitzen, bekommen einen Zettel. Danach tragen Sie die biblische Geschichte mit Betonung vor. Jedes Mal, wenn Sie ein Wort vorlesen, das auf einem Zettel steht, muss das betreffende Kind aufstehen und einmal im Kreis umher laufen. In der Zwischenzeit versucht der Spieler, der in der Mitte steht, sich auf den frei gewordenen Stuhl zu setzen. Wenn er das geschafft hat, muss das andere Kind in die Kreismitte und seinen Zettel dem sitzenden Spieler geben. Lesen Sie die Geschichte in einem für die Kinder angemessenen Tempo vor.

Alternativ

Um es noch lebendiger zu gestalten, können Sie hin und wieder den Satz zufügen: *»Das war der richtige Weg.«* Dann müssen alle Kinder aufstehen und sich einen neuen Stuhl suchen. Wer nach der »großen Stuhljagd« übrig bleibt, muss in die Mitte, während Sie wieder beginnen, die Geschichte vorzulesen.

Nr. 84

Memory

Material-Checkliste

- ○ Filzstift
- ○ Schere
- ○ Tonpapier oder Kopierkarton (160g)

Vorbereitung

Fertigen Sie 16 ca. 9 cm große Quadrate an und nummerieren Sie diese mit den Zahlen 1-16. Die Rückseiten der Karten beschriften Sie mit acht Sätzen der biblischen Geschichte, etwa einen halben Satz pro Karte (siehe Abb.). Bereiten Sie ein Kartenset für jeweils vier Kinder vor.

Spielablauf

Legen Sie die Karten mit den nummerierten Seiten nach oben auf den Boden oder einen Tisch. Nacheinander darf jedes Kind zwei Karten aufdecken. Wenn es ein Pärchen (d.h. einen vollständigen Satz) aufgedeckt hat, darf es dieses behalten und zwei neue Karten aufdecken. Wenn alle Pärchen gefunden wurden, dürfen die Kinder ihre Karten in der richtigen Reihenfolge laut vorlesen, damit die biblische Geschichte wiederholt wird.

1	2	3	zu suchen und zu retten
5	Zachhäus wollte	7	8
9	10	11	12
Jesus ist gekommen	14	15	Jesus sehen

Fragewürfel

Material-Checkliste

- ○ Pappwürfel 15 x 15 cm
- ○ Filzstift
- ○ Tonpapier
- ○ Schere
- ○ Tesafilm
- ○ Klebstoff
- ○ Tafel und Kreide
  oder OHP und Folie

Vorbereitung

Stellen Sie einen Würfel her und schreiben Sie auf die Seiten je eines der folgenden Wörter:

Wer? Was? Wann? Wo? Warum? Wieso?

Spielablauf

Teilen Sie die Gruppe in zwei Mannschaften. Ein Freiwilliger aus der ersten Mannschaft würfelt. Wenn dieser z.B. »Warum?« gewürfelt hat, muss er mit diesem Wort eine Frage formulieren, die zu der biblischen Geschichte passt.

Beispiel:
»Warum wollte der verlorene Sohn von zu Hause weg?«

Der Spieler, der die Antwort weiß, steht schnell auf und beantwortet die Frage. Für jede richtige Antwort gewinnt die Mannschaft 10 Punkte. Den Punktestand halten Sie auf der Tafel oder auf der Folie fest.

8-9 Jahre
Wiederholung biblischer Geschichten

Nr. 86

Quiz

Material-Checkliste

- ⃝ Karten
- ⃝ Filzstift
- ⃝ Tisch
- ⃝ ein Stuhl für jedes Kind
- ⃝ Glocke
- ⃝ Tafel und Kreide
  oder OHP und Folie

Vorbereitung

Schreiben Sie auf die Karten Fragen zur biblischen Geschichte oder zu einem Bibelvers. Es kann sich um Wiederholungsfragen oder Fragen zur Anwendung auf das persönliche Leben handeln.

Spielablauf

Teilen Sie die Gruppe in zwei Mannschaften, die sich gegenüber sitzen. Stellen Sie die Glocke auf den Tisch zwischen den beiden Reihen.

Die beiden ersten Spieler stehen auf und kommen zum Tisch. Sie sollen eine Hand auf den Tisch legen, die andere auf den Rücken. Lesen Sie die erste Frage vor. Der Spieler, der zuerst mit der Glocke klingelt, darf die Frage beantworten und bekommt zehn Punkte. Ist die Antwort falsch, darf der andere Spieler antworten und gewinnt nun fünf Punkte für sein Team. Kann die Frage keiner der beiden beantworten, legen Sie die Karte im Stapel nach ganz unten, sie wird später noch einmal gestellt.

Fahren Sie mit dem Spiel fort, bis jeder Spieler einmal an der Reihe war, und halten Sie den Punktestand an der Tafel oder auf dem OHP fest.

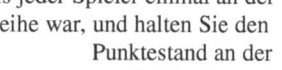

Werfen und Erzählen

Material-Checkliste

- ○ Tapetenrolle
- ○ Filzstift
- ○ Lineal
- ○ kleine Stoffsäckchen mit Bohnen o.ä. gefüllt

Vorbereitung

Malen Sie neun große Felder auf ein Stück Tapete und schreiben Sie die Wörter »wer, was, wann, wo, warum« darauf. In die Lücken zeichnen Sie Kreuze (siehe Abb.).

Spielablauf

Die Tapete wird in einem freien Bereich des Raumes auf den Boden gelegt. Die Kinder stehen ca. 1,20 m davon entfernt. Jedes Kind wirft das Säckchen auf ein Feld und beantwortet mit einem Satz die Frage, die im Feld steht.

Beispiele:

- Wer? Abraham und Sara
- Was? Gott versprach Abraham ein Kind
- Wann? Zur Zeit des Alten Testamentes
- Wo? In Kanaan, dem gelobten Land

Je nach Geschichte sind auch mehrere Antworten pro Fragewort möglich. Landet das Säckchen auf einem Kreuz, muss der Spieler noch einmal werfen, bis er ein Fragefeld trifft.

Verkehrsstau

Material-Checkliste

- ○ Bibel
- ○ 48 große Karten (DIN-A5)
- ○ Bilder von Autos oder LKWs
- ○ Klebstoff
- ○ Filzstift
- ○ Tafel und Kreide
  oder OHP und Folie

Vorbereitung

Schreiben Sie den Bibelvers an die Tafel oder auf Folie. Auf die Karten schreiben Sie die Buchstaben des Alphabets (Q, X, Y und Z können weggelassen werden).

Erstellen Sie zwei Sets der Buchstabenkarten.

Kleben Sie die Auto- und LKW-Bilder auf vier Karten, von denen je zwei in die Stapel der Buchstabenkarten gesteckt werden.

Spielablauf

Teilen Sie die Gruppe in zwei Mannschaften. Jede Mannschaft erhält ein Set der Buchstabenkarten, das möglichst gleichmäßig unter den Spielern aufgeteilt wird.

Der Mitarbeiter ruft das erste Wort des Bibelverses und die Spieler müssen versuchen, die Buchstaben so in der richtigen Reihenfolge zu halten, dass man das Wort lesen kann.

Wird ein Buchstabe zwei Mal in dem Wort gebraucht, springt jemand mit der Auto- oder LKW-Karte als Platzhalter ein. Wenn die Spieler meinen, in der richtigen Reihenfolge zu stehen, rufen sie laut »Stau!«. Das andere Team muss nun so stehen bleiben, wie es gerade ist.

Ist das Wort richtig buchstabiert, bekommt das Team einen Punkt. Fahren Sie mit dem zweiten Wort fort. Die Mannschaft, die am Ende die meisten Punkte hat, hat gewonnen.

Schwierige Wörter werden von Ihnen oder den Kindern erklärt.

Lernen und Wiederholen von Bibelversen

Handschuh weitergeben

Material-Checkliste

○ Bibel
○ Musik-CD
○ CD-Player
○ Karten
○ Filzstift
○ Karton
○ 1 Gartenhandschuh

Vorbereitung

Schreiben Sie jedes Wort des Bibelverses auf eine Karte.

Spielablauf

Legen Sie die Karten in der richtigen Reihenfolge auf den Boden und lesen Sie den Vers laut mit den Kindern, wiederholen Sie ihn mehrmals. Nun kommen die Karten in den Karton. Die Kinder bilden einen Kreis. Während die Musik spielt, wird der Handschuh von Spieler zu Spieler weitergegeben. Jeder muss den Handschuh an die Hand seines Nachbarn stecken, der ihn dann auszieht und dem nächsten Spieler anzieht.

Wenn die Musik stoppt, zieht der, der gerade den Handschuh trägt, eine Karte aus dem Karton. Er liest das Wort laut vor und versucht, den Vers zu beenden, indem er mit diesem Wort beginnt.

8-9 Jahre
Lernen und Wiederholen von Bibelversen

Hör gut zu!

Material-Checkliste

O Bibel
O Karten
O Filzstift

Vorbereitung

Schreiben Sie jeweils ein Wort des Bibelverses sowie die Bibelstelle auf eine Karte. Erstellen Sie zwei Sets.

Spielablauf

Legen Sie ein Set in der richtigen Reihenfolge auf den Boden. Die Kinder stellen sich vor die Karten und lesen den Vers mehrere Male laut vor, um mit ihm vertraut zu werden.

Teilen Sie die Gruppe in zwei Mannschaften, die sich wie in der Zeichnung aufstellen. Mischen Sie beide Sets miteinander und verteilen Sie die Karten umgedreht auf dem Boden.

Geben Sie jedem Spieler eine Zahl. Benutzen Sie dieselben Zahlen für beide Teams. (Anstatt Zahlen können Sie den Spielern auch Tiernamen geben, z.B. Maus, Hase, Reh, Affe, Fisch usw.)

Um das Spiel zu starten, rufen Sie eine Zahl. Die beiden Spieler mit dieser Zahl nehmen sich irgendeine Karte und bringen sie zu ihrem Team. Dies wiederholen Sie. Mit den Karten versucht die Mannschaft, den Vers in die richtige Reihenfolge zu bringen. Bringt ein Spieler eine Karte, die die Mannschaft schon besitzt, muss der nächste Spieler sie zurückbringen, bevor er eine neue holt.

Die Mannschaft gewinnt, die zuerst den Vers vollständig in der richtigen Reihenfolge vor sich liegen hat.

1

2

3

4

5

Karten

5

4

3

2

1

Gekürzter Vers

Material-Checkliste

- ○ Bibel
- ○ Karten
- ○ Filzstift

Vorbereitung

Schreiben Sie jeweils ein Wort des Bibelverses auf eine Karte. Bereiten Sie zwei Sets vor und mischen Sie die Karten innerhalb eines Sets.

Spielablauf

Teilen Sie die Gruppe in zwei Mannschaften und geben Sie jedem Kind eine Karte. Dann lesen Sie einen Teil des Lernverses vor (etwa 4-6 Wörter). Die Kinder, die die entsprechenden Wörter haben, laufen jetzt vor und stellen sich in der richtigen Reihenfolge auf (siehe Abb.). Dann liest der Rest der Mannschaft die Wörter laut vor. Das Team, das dies zuerst geschafft hat, ist Sieger der Runde.

Wenn beide Teams den Satz laut vorgelesen haben, sollten Sie mit Hilfe von Fragen mit den Kindern ins Gespräch kommen.

Beispiel:

- »*Wie würdest du diesen Satz einfacher ausdrücken?*«
- »*Welche Anweisungen werden uns gegeben?*«

Wiederholen Sie das Spiel mit verschiedenen Satzteilen aus dem Bibelvers.

Nr. 92 Drei in einer Reihe

Material-Checkliste

○ Bibel

○ Tonpapier in drei verschiedenen Farben

○ großes Blatt Papier

○ Filzstift

○ Lineal

○ Schere

○ kleiner Karton

Vorbereitung

Zeichnen Sie das Spielfeld auf ein großes Blatt Papier (siehe Abb.). Für die Spielfiguren schneiden Sie sechs Dreiecke aus einer Farbe des Tonpapiers, sechs Kreise aus einem andersfarbigen und sechs Quadrate aus dem dritten Farbton. Schneiden Sie die Figuren so zu, dass sie in die Felder passen. Jeweils ein Dreieck, Kreis und Quadrat kommt in den Karton.

Spielablauf

Teilen Sie die Gruppe in drei Teams. Geben Sie jeder Gruppe ein Set mit fünf Spielfiguren. Zu Beginn des Spiels wird von einem Mitarbeiter eine Spielfigur aus dem Karton geholt. Das Team, das die gezogene Figur als Spielfigur hat, fängt an. Nun lesen Sie einen Bibelvers vor und lassen dabei einen Schlüsselbegriff aus. Kann das Team das fehlende Wort sagen, legt jemand aus der Gruppe seine Spielfigur auf ein beliebiges Feld. Wird das fehlende Wort nicht gewusst, darf keine Figur abgelegt werden. Dann wird wieder eine Spielfigur hervorgezogen und das Spiel mit einem anderen Lernvers wiederholt.

Das Spiel ist zu Ende, wenn ein Team drei Figuren in einer Reihe gelegt hat.

Während des Spieles können Sie den Kindern gezielt Fragen stellen z.B.: »Was sagt uns dieser Vers über Gott?«, »Wie kann man diesen Vers im Alltag gebrauchen?«, »Wer gehorchte in diesem Vers?«

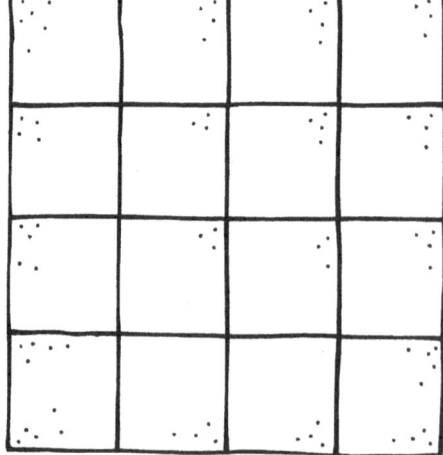

Vers bauen

Material-Checkliste

○ Bibel

○ Kreide und Tafel
   oder OHP und Folie

Vorbereitung

keine

Spielablauf

Suchen Sie aus einem gelernten Bibelvers das Wort heraus, das in der Mitte steht. Schreiben Sie dieses Wort an die Tafel oder auf Folie. Ein Freiwilliger darf die Wörter nennen, die jeweils davor und danach stehen, und sie an die entsprechende Stelle schreiben. Lassen Sie die Kinder so lange die richtigen »Vor- und Nachwörter« ergänzen, bis der Vers vollständig ist. Nun können Sie Fragen wie diese stellen: *»Wann sollte man sich an diesen Vers erinnern?«*, *»Wie würdest du diesen Vers einem Freund erklären?«*

Nr. 94

Teamwork

Material-Checkliste

○ großer Bogen Papier

○ farbige Filzstifte

Vorbereitung

Schreiben Sie den Bibelvers auf das Papier und unterteilen Sie ihn drei- oder viermal mit verschiedenen Farben.

Spielablauf

Teilen Sie die Gruppe in drei oder vier Teams. Ordnen Sie jedem Team eine Farbe, also einen Abschnitt des Bibelvers zu. Lesen Sie den Vers langsam vor und lassen Sie die Teams aufstehen, um ihren Teil laut mitzusprechen. Wiederholen Sie dieses Spiel mehrmals, steigern Sie dabei das Lesetempo. Zum Schluss hängen Sie den Bogen Papier ab.

Variation

Die Kinder können sich zusätzlich Bewegungen ausdenken, die zu ihrem Versteil passen.

Der Herr ist mein Hirte.

Fehlersuche

Material-Checkliste

○ zwei Spielglocken

Vorbereitung

keine

Spielablauf

Teilen Sie die Gruppe in zwei Teams. Jedes Team versammelt sich um eine Glocke. Nehmen Sie einen Bibelvers, den die Kinder bereits kennen, und lesen Sie ihn langsam vor. Dabei unterlaufen Ihnen mehrere Fehler. (Sie lesen entweder zu viele oder zu wenige Wörter vor.) Jedesmal, wenn Sie einen Fehler gemacht haben, müssen die Kinder ihn erkennen und sofort klingeln. Das Kind, das als Erstes geläutet hat und den Fehler korrigieren kann, erhält für sein Team einen Punkt.

Klingelt ein Team, ohne dass Sie einen Fehler gemacht haben, verliert es einen Punkt. Wiederholen Sie das Spiel mit den Versen, die die Gruppe bereits kennen, versuchen Sie jedes Mal, andere Fehler einzubauen.

Alternativ

Lesen Sie eine Kurzfassung der biblischen Geschichte vor und fügen einige Fehler hinzu.

8-9 Jahre

Lernen und Wiederholen von Bibelversen

Vaterunser weitergeben

Material-Checkliste

- ◯ 52 kleine Karten
- ◯ Filzstifte
- ◯ großer Bogen Pappe oder OHP und Folie

Vorbereitung

Schreiben Sie die folgenden Wörter viermal auf jeweils eine Karte (siehe Abb.), so dass vier Sets entstehen: Vater, Himmel, geheiligt, Name, Reich, Wille, Erden, Brot, Schuld, vergeben, führe, Versuchung, erlöse.

Spielablauf

Die Kinder sollen sich in einem Kreis um den Tisch oder auf den Boden setzen. Schreiben Sie das »Vaterunser« auf eine Folie oder einen Bogen Pappe. Lesen Sie es laut mit den Kindern.

Ein Kind mischt alle Karten, teilt immer vier an jeden Spieler aus und legt die restlichen Karten umgedreht auf einen Stapel. Die Spieler halten die Karten so in der Hand, dass nur sie sie sehen können. Das Ziel jedes Spielers ist es, ein Wort viermal zu bekommen.

Das Spiel beginnt, indem der Verteiler die oberste Karte des Stapels abnimmt und sich entscheidet, ob er sie behält oder weitergibt.

Das nächste Kind überlegt ebenfalls, ob es die Karte weitergibt oder behält. Inzwischen nimmt sich der Verteiler eine neue Karte, gibt sie weiter oder behält sie. Wenn er sie behält, muss er eine andere Karte, die er in der Hand hält, weitergeben. Ein Spieler darf nie mehr als vier Karten in der Hand halten. Ist eine Karte am Ende der Runde angekommen, wird sie unter den Stapel der übrig gebliebenen Karten gelegt.

Die Karten werden so lange weitergegeben, bis ein Spieler vier gleiche Karten besitzt und laut »Stopp« ruft. Jetzt zählen alle Kinder leise bis 10. Während die anderen zählen, sagt der Spieler mit den vier gleichen Karten, die Stelle des »Vaterunser« auf, in der sein Wort vorkommt. Hält er zum Beispiel das Wort »Brot« in der Hand, sagt er: »*Unser tägliches Brot gib uns heute.*« Ist die Stelle richtig aufgesagt worden, bevor die anderen bis 10 gezählt haben, darf der Spieler die Karten behalten.

Der Spieler, der am Ende die meisten Karten besitzt, hat das Spiel gewonnen.

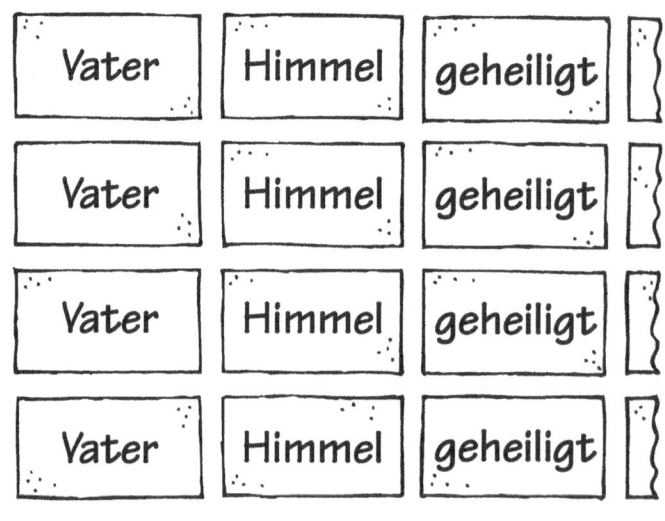

Stopp!

Material-Checkliste

○ Karten mit dem Bibelvers des Tages

Vorbereitung

Keine

Spielablauf

In dem Spiel sollen sich die Kinder an einen Bibelvers erinnern.

Sprechen Sie mit den Kindern zunächst darüber, warum es gut ist, Bibelverse auswendig zu wissen, und wann uns ein Vers helfen könnte.

Grenzen Sie nun ein Spielfeld ein, das die Spieler nicht verlassen dürfen. Wählen Sie ein Kind, das »Es« sein soll. »Es« muss versuchen, die anderen Kinder abzuschlagen. Wird ein Kind abgeschlagen, darf es sich nicht bewegen, bis der Mitarbeiter kommt und den Bibelvers abfragt.

Kann das Kind den Vers nicht aufsagen, erhält es eine Kopie des Verses und soll ihn sich einprägen, während es sich weiterhin nicht bewegen darf.

Wenn es den Vers sagen kann, darf es wieder frei laufen. Irgendwann ruft der Mitarbeiter: »Stopp!« Alle Kinder bleiben stehen, wo sie gerade sind, auch »Es«. Nun sagen alle Kinder gemeinsam den Vers auf.

Dann wird ein neues »Es« gewählt und die Gruppe darf wieder umherlaufen.

»Es«

Lernen und Wiederholen von Bibelversen

Vers-Volleyball

Nr. 98

Material-Checkliste

○ ein aufgeblasener Luftballon

○ Kreppband

Vorbereitung

Keine

Spielablauf

Wiederholen Sie den Bibelvers mit den Kindern und fragen: *»Was meint ihr, warum Gott diesen Vers in der Bibel hat aufschreiben lassen? Wie kann uns der Vers helfen?«*

Die Gruppe soll sich in zwei Mannschaften wie beim Volleyball gegenüber einer Linie aufstellen. Ein Luftballon wird nun hin und her gestoßen.

Der erste Spieler, der den Luftballon in die Höhe stößt, sagt das erste Wort des Bibelverses. Der zweite Spieler, der den Ballon bekommt, sagt das zweite Wort des Bibelverses und so weiter. Fällt der Ballon auf den Boden, bekommt das andere Team einen Punkt.

Kann ein Spieler nicht das nächste Wort des Verses sagen, erhält wieder die gegnerische Mannschaft einen Punkt.

Um etwas Abwechslung hinein zu bringen, können die Spieler auch zwei oder drei Wörter des Verses sagen.

8-9 Jahre

Lernen und Wiederholen von Bibelversen

Chip schnipsen

Nr. 99

Material-Checkliste

- ○ Filzstifte
- ○ Pappe ca. 30 x 30 cm
- ○ Stift
- ○ Zirkel
- ○ 6 kleine Plastikchips
- ○ Stecknadeln mit farbigen Köpfen

Vorbereitung

Zeichnen Sie sechs Kreise mit einem Abstand von jeweils 2,5 cm auf die Pappe (siehe Abb.). Mit Filzstiften malen Sie jeden Kreis mit einer anderen Farbe nach.

Schreiben Sie danach die Wörter des Bibelverses verschiedenfarbig in die Kreise hinein.

Spielablauf

Legen Sie die Pappe auf einen Tisch und geben Sie dem ersten Spieler zwei Chips. Dieser legt den einen Chip vor die Pappe und benutzt den anderen, um ihn auf die Pappe zu schnipsen.

Die Spieler wechseln sich ab und versuchen, mit den Chips nacheinander auf die Kreise zu schnipsen.

Hat ein Spieler die ersten Wörter getroffen, darf er sie mit seiner Stecknadel markieren, trifft er die nächsten, steckt er seine Nadel zu diesen Wörtern.

Das Spiel ist beendet, wenn ein Spieler den Vers in der richtigen Reihenfolge treffen konnte.

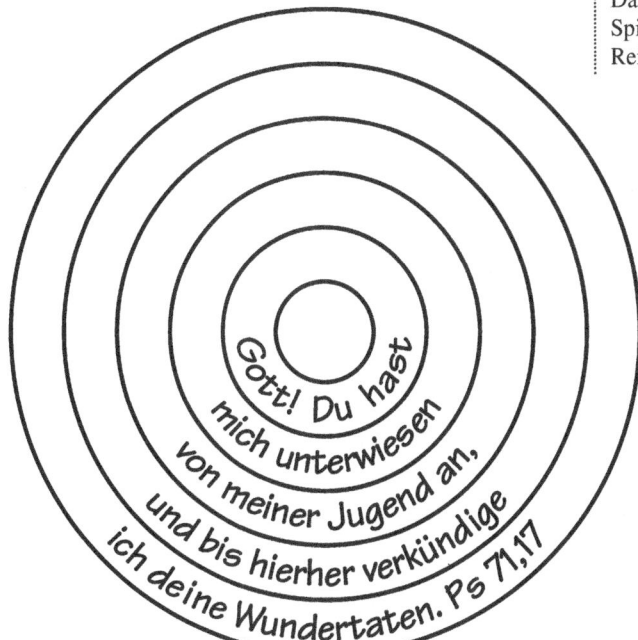

Gott! Du hast mich unterwiesen von meiner Jugend an, und bis hierher verkündige ich deine Wundertaten. Ps 71,17

Nr. 100

Platz tauschen

Material-Checkliste

- ○ Bibel
- ○ Papier
- ○ Filzstift
- ○ Kreppband

Vorbereitung

Teilen Sie den Bibelvers in fünf oder sechs Teile. Schreiben Sie jeden Versteil auf ein einzelnes Blatt Papier.

Spielablauf

Lesen Sie den Bibelvers vor oder bitten Sie ein Kind, ihn vorzulesen. Befestigen Sie auf den Rücken von fünf oder sechs Kindern die Blätter mit den Bibelversteilen.

Achten Sie darauf, dass genügend Kinder übrig bleiben, die kein Blatt auf dem Rücken haben.

Die Kinder mit den Blättern mischen sich so, dass die Reihenfolge des Bibelverses durcheinander ist. Die restliche Gruppe muss nun die Spieler so dirigieren, dass man den Bibelvers lesen kann. (Zum Beispiel: »Jens, stell dich neben Kathrin!« oder »Lukas, tausche den Platz mit Julia!«)

Wir wissen aber,

dass denen

die Gott lieben,

alle Dinge

zum Guten

mit- wirken.

Puk werfen

Material-Checkliste

- ○ Bibel
- ○ Kreide
- ○ größerer Deckel einer Flasche (Schraubverschluss)
- ○ Knete oder Modelliermasse
- ○ Zollstock

Vorbereitung

Auf einem asphaltierten oder gepflasterten Platz malen Sie mit Kreide Quadrate von ca. 1,50 x 1,50 Meter auf (siehe Abb.). Schreiben Sie die Wörter des Verses hinein und nummerieren Sie die Quadrate. Stellen Sie einen »Puk« her. Dazu eignet sich ein größerer Flaschendeckel, den Sie mit Knete oder Modelliermasse füllen. (Wenn vorhanden, können Sie auch einen echten Puk verwenden.)

Spielablauf

Lesen und wiederholen Sie den Vers mit den Kindern mehrmals und stellen Sie etwa folgende Fragen zur Vertiefung: »Welche Anweisungen finden wir für uns in diesem Vers?« »Wie lautet ein anderes Wort für Ehre?« »Damit wir uns die Worte des Verses besser behalten können, spielen wir heute ›Puk-werfen‹.«

Der erste Spieler kniet sich außerhalb des Spielfeldes hinter die Linie, sagt das erste Wort des Verses auf und wirft den Puk in das erste Quadrat. Wenn er es getroffen hat, darf er den Puk in das zweite Quadrat werfen, muss aber jetzt die ersten beiden Wörter des Verses aufsagen.

Wenn ihm das nicht gelingt, ist der nächste Spieler an der Reihe, um dort fortzufahren, wo der vorherige Spieler aufgehört hat. Auch er muss die ersten beiden Wörter des Verses aufsagen. Die Spieler dürfen sich an jeder Stelle außerhalb des Spielfeldes hinknien.

Das Spiel ist zu Ende, wenn der Vers vollständig aufgesagt worden ist. Wiederholen Sie das Spiel möglichst mehrmals.

Variation

Teilen Sie die Gruppe in zwei Teams. Die Spieler bekommen jedesmal einen Punkt, wenn die Figur im richtigen Feld gelandet ist.

Nr. 102 Bobbycar-Rennen

Material-Checkliste

- ○ Bibel
- ○ Bobbycars
- ○ Sandkasten oder kleines Planschbecken, gefüllt mit Sand
- ○ Schere
- ○ Tonkarton (zwei verschiedene Farben)
- ○ Tonpapier und Filzstift
- ○ bunte Kreide oder Klebeband
- ○ Zollstock

Vorbereitung

Auf zwei verschiedenfarbige Bögen Tonkarton wird jeweils der Lernvers geschrieben und in einzelne Puzzleteile geschnitten. Verstecken Sie die farbigen Puzzleteile im Sandkasten. Den vollständigen Vers schreiben Sie auf Tonpapier. Mit Kreide oder Klebeband wird eine Startlinie markiert, die etwa sechs Meter von dem Sandkasten entfernt sein soll. Außerdem malen Sie Linien auf, die die Kinder vom Start bis zum Sandkasten verfolgen sollen (siehe Abb.).

Spielablauf

Lesen Sie den Vers mehrmals laut mit den Kindern. Dann wird die Gruppe in zwei Teams eingeteilt, die sich hinter der Startlinie aufstellen.

Das erste Kind jedes Teams schiebt das Bobbycar entlang der Linie zu dem Sandkasten. Dort suchen die Kinder nach den Puzzleteilen, die der Farbe ihres Teams entsprechen. Die Puzzleteile verstauen sie nun in ihren Bobbycars und fahren sie zum Start zurück. Dort übergeben sie das Bobbycar an das zweite Kind.

Das Spiel ist zu Ende, wenn ein Team das Puzzle vollständig hat und den Vers aufsagen kann.

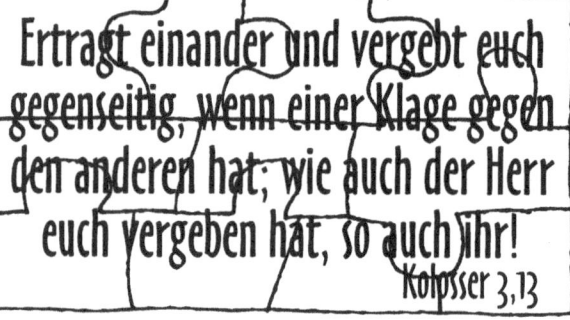

Ertragt einander und vergebt euch gegenseitig, wenn einer Klage gegen den anderen hat; wie auch der Herr euch vergeben hat, so auch ihr!
Kolosser 3,13

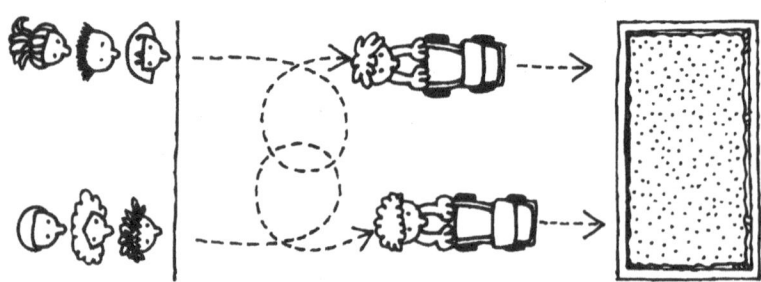

Lernen und Wiederholen von Bibelversen

Hula-Hoop-Spiel

Material-Checkliste

- ○ Bibel
- ○ Hula-Hoop-Reifen (1 Reifen für 5 bis 7 Kinder)
- ○ Kreide und Zeichenpapier
- ○ Klebeband und Filzstift

Vorbereitung

Teilen Sie den Bibelvers in fünf Wortgruppen auf und schreiben Sie diese auf Zeichenpapier-Blätter (siehe Abb. a).

Hängen Sie die Blätter an verschiedenen Plätzen im Raum auf.

Spielablauf

Lesen Sie den Vers gemeinsam mit den Kindern und fragen Sie: *»Was bedeutet dieser Vers?«*

Teilen Sie die Gruppe in Teams zu fünf oder sechs Kindern ein, die sich hinter einer markierten Startlinie aufstellen. Die ersten Spieler jedes Teams halten den Reifen um ihre Hüfte. Wenn der Mitarbeiter die erste Wortgruppe des Verses vorliest, müssen die Spieler mit ihrem Reifen zu der Stelle rennen, wo dieser Teil des Verses hingehängt wurde.

Der Mitarbeiter liest die nächste Wortgruppe vor. Jetzt rennt das zweite Kind zu dem Kind mit dem Hula-Hoop und steigt zu ihm in den Reifen. Beide versuchen nun, zusammen zu der Stelle zu rennen, wo die zweite Wortgruppe hängt, die der Mitarbeiter vorgelesen hat. Es steigt immer ein weiteres Kind in den Hula-Hoop-Reifen, sobald ein Teil des Verses vorgelesen wurde.

Das Spiel ist zu Ende, wenn sich alle Kinder im Reifen befinden und der Vers vollständig vorgelesen wurde.

a)

Der Herr ist mit euch,

wenn ihr mit ihm seid.

Und wenn ihr ihn sucht,

wird er sich von euch

finden lassen.
2. Chronik 15,2

b)

Und wenn ihr ihn sucht,

wenn ihr mit ihm seid.

Der Herr ist mit euch,

8-9 Jahre
Lernen und Wiederholen von Bibelversen

**Nr.
104**

Seilspringen

Material-Checkliste

○ Bibel

○ Kreide und Tafel oder
Tonpapier und Filzstift

○ 1 Springseil für jeweils
4 oder 5 Kinder

Vorbereitung

Schreiben Sie den Vers an die
Tafel oder auf Tonpapier (siehe
Bild).

Spielablauf

Nutzen Sie beim Vorlesen des
Bibelverses einen ähnlichen
Rhythmus wie im Beispiel an-
gegeben und wiederholen ihn
mehrmals.

Teilen Sie die Gruppe in Teams
zu vier oder fünf Kindern ein,
wobei sie auswählen dürfen, wer
hüpft und welche zwei Kinder
das Seil schwingen. Die Team-
aufgabe lautet: »Seil springen
und währenddessen den Bibelvers im Rhythmus aufsagen.«
Welche Mannschaft beim Hüpfen den Vers am häufigsten aufsagen konnte, ohne einen Fehler
zu machen, hat gewonnen.

Variation

Man kann das Spiel auch einfacher gestalten, indem die
Kinder springen, wie sie
möchten, oder indem das Seil
vor- und zurückgeschwungen
wird.

<u>Jeder</u> <u>Mensch</u>
1   2

<u>sei schnell</u> <u>zum Hören,</u>
3   4

<u>langsam</u> <u>zum Reden,</u>
5   6

<u>langsam</u> <u>zum Zorn.</u>
7   8

Jakobus 1,19

Lernen und Wiederholen von Bibelversen

Galgenmännchen

Material-Checkliste

- ○ Bibel
- ○ Kreide
- ○ Tonpapier
- ○ Filzstift
- ○ zusammengepresste Weißblechdose

Vorbereitung

Mit der Kreide malen Sie mehrere Kreise ineinander auf den Boden (siehe Skizze). Zeichnen Sie drei Linien vom inneren in den äußeren Kreis. Schreiben Sie folgende Körperteile hinein: Arme, Beine, Körper, Hände, Füße, Mund, Augen, Ohren, Nase und Kopf. Markieren Sie eine Wurflinie, ca. 1,20 Meter vom Kreis entfernt.

Auf Tonpapier schreiben Sie den Beginn von 1. Johannes 3,1. Dann folgt der Lückentext. Malen Sie einen Strich für jeden fehlenden Buchstaben des Lernverses.

Spielablauf

Die Kinder stellen sich hinter die Wurflinie und wechseln sich damit ab, die Dose in den Kreis zu werfen. Ein Buchstabe des getroffenen Körperteils wird genannt, um den Lückentext zu vervollständigen. Mit Kreide malt das Kind nun das entsprechende Körperteil auf den Boden. Wenn ein Kind einen falschen Buchstaben geraten hat, schreiben Sie diesen an den Rand.

Das Ziel des Spiels ist es, den Vers zu erkennen, bevor die Figur mit allen Körperteilen fertig gemalt ist. Wenn die Dose außerhalb des Kreises landet, wirft der Spieler ein zweites Mal. Landet sie auf einem Körperteil, der bereits gezeichnet wurde, wird dieser nicht ein zweites Mal gezeichnet. Das Kind darf aber einen weiteren Buchstaben des getroffenen Körperteils nennen.

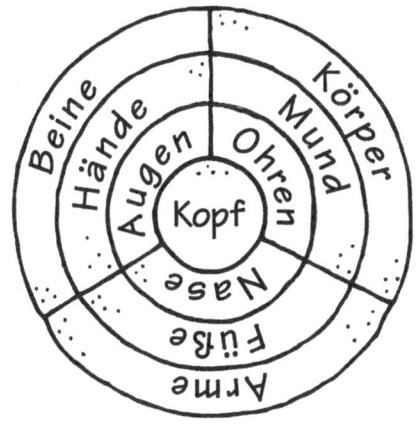

Seht, welch eine
Liebe hat uns der
Vater erwiesen,
d_ss wi_ G_tt__
K_____ h__ß__
s_ll_n! 1. Johannes 3,1

Nr. 106

Weintrauben pflücken

Material-Checkliste

- ○ wasserfester Folienstift
- ○ 10 Plastikbecher
- ○ Strohhalm für jedes Kind
- ○ Stoppuhr
- ○ Weintrauben

Vorbereitung

Schreiben Sie die Wörter des Verses auf die Plastikbecher (siehe Abb.).

Spielablauf

Stellen Sie die Becher in geordneter Reihenfolge auf einen Tisch und lesen Sie den Bibelvers mit den Kindern mehrmals laut. Fragen Sie: »*Wie sollen wir laut diesem Vers handeln?*«

Nun wird die Reihenfolge der Becher umgestellt. Geben Sie jedem Kind einen Schaschlikspieß und mehrere Weinbeeren. Eine große Gruppe teilen Sie in zwei oder drei Teams ein.

Die Mannschaften stellen sich an einer Startlinie auf, die sich dem Tisch gegenüber befindet. Die Stoppuhr wird gestartet, wenn der erste Spieler eine Weinbeere auf das Schaschlikstäbchen gespießt hat und damit zu dem Tisch läuft. Die Beere wird in den Becher gelegt, auf dem der Beginn des Bibelverses steht und an die richtige Position auf dem Tisch gestellt. Der zweite Spieler spießt ebenfalls eine Weinbeere auf, rennt zum Tisch, legt sie in den Becher mit dem zweiten Versteil und platziert ihn an der richtigen Stelle.

Das Spiel ist zu Ende, wenn alle Becher in der richtigen Reihenfolge stehen. Dabei wird die Zeit gestoppt und notiert. Der gleiche Ablauf wird jetzt mit dem zweiten oder dritten Team wiederholt.

Alternative

Sie könnten auch drei Sets der Becher erstellen und die Teams gleichzeitig spielen lassen.

usw.

Bowling

Material-Checkliste

- ○ Bibel
- ○ 2 Bälle
- ○ 10 leere Getränkepackungen
- ○ 10 Karten
- ○ Filzstift
- ○ Kreppband
- ○ Kleber

Vorbereitung

Schreiben Sie die Wörter des Bibelverses zweimal auf fünf Karten (siehe Abb.) und kleben Sie diese auf die Getränke-packungen. Mit dem Kreppband werden zwei Dreiecke auf den Boden geklebt, auf die Sie jeweils fünf Getränkepackungen in V-Form stellen, wie man es von einer Bowlingbahn kennt. Mit dem Kreppband werden Linien gezogen, die die Bowlingbahnen begrenzen. Markieren Sie eine Startlinie.

Spielablauf

Lesen Sie den Vers mit den Kindern laut und wiederholen Sie ihn mehrmals. Die Teams stellen sich hinter der Startlinie auf. Der erste Spieler jeder Mannschaft sagt den Vers auf, rollt den Ball Richtung Getränke-packung und versucht, diese zu treffen. Wenn eine umgefallen ist, muss diese vom Spieler wieder in die richtige Position gestellt werden. Das zweite Kind sagt den Vers auf und darf danach bowlen. Das Spiel ist zu Ende, wenn alle Kinder einmal gebowlt haben.

Der HERR hat Großes an uns getan: Wir waren fröhlich! Psalm 126,3

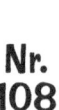

8-9 Jahre

Lernen und Wiederholen von Bibelversen

Kartoffel fangen

Nr. 108

Material-Checkliste

○ Kreide und Tafel oder
Tonpapier und Filzstift

○ Kreppband

○ Kartoffelsack (Müllsack)

○ Für jedes Kind
eine kleine Kartoffel

Vorbereitung

Schreiben sie den Bibelvers an
die Tafel oder auf das Tonpapier.
Kleben Sie zwei Streifen
Kreppband auf den Boden,
die ca. 3,50 Meter voneinander
entfernt sind.

Spielablauf

Lesen Sie den Vers mit den Kindern laut und wiederholen Sie
ihn mehrmals. Danach teilen Sie
die Gruppe in zwei Teams ein.
Das Kartoffelwerfer-Team erhält
pro Kind eine Kartoffel und be-
gibt sich hinter eine der Linien.
Das andere Team bekommt
einen Kartoffelsack und stellt
sich hinter der anderen Linie
auf. Ein Spieler hält den ge-
öffneten Sack (siehe Abb.).

Bei einem Startsignal, sagt der
Kartoffelwerfer den Bibelvers
auf, wirft die Kartoffel rückwärts durch seine Beine und
versucht, den Sack zu treffen.
Derjenige, der den Sack hält,
versucht, die Kartoffel mit dem
Sack aufzufangen.

Nach dem ersten Durchgang
werden die Aufgaben getauscht.
Das Spiel ist zu Ende, wenn
jeder den Vers aufgesagt hat
und eine Kartoffel in den Sack
werfen konnte.

Lernen und Wiederholen von Bibelversen

Schriftrollen mit Herz

Material-Checkliste

- ○ Bibel
- ○ große Bögen Papier
- ○ roter und schwarzer Filzstift
- ○ Schere
- ○ Geschenkband
- ○ Kleber

Vorbereitung

Malen Sie ein großes, rotes Herz auf das Papier und schneiden Sie es aus. Mit dem schwarzen Filzstift wird der Bibelvers auf das Herz geschrieben (siehe Abb. a). Schneiden Sie es in acht Teile. Jedes der Teile wickeln Sie zu einer Rolle zusammen und binden Geschenkband darum (siehe Abb. b). Die Rollen werden im Raum oder im Freien versteckt.

Spielablauf

Sprechen Sie mit den Kindern darüber, warum man Briefe schreibt. Schlagen Sie die Bibel auf und erklären Sie, dass die Bibel wie ein Brief ist, den uns Gott geschickt hat. Wir halten zwar heute ein Buch in den Händen, aber als vor Tausenden von Jahren die Texte aufgeschrieben wurden, benutzte man dafür Schriftrollen.

Nun lassen Sie die Kinder die Schriftrollen suchen. Wenn alle gefunden wurden, sollen sie die Teile zu einem Herzen zusammensetzen, das sie später auf ein weiteres großes Blatt Papier kleben. Lesen Sie nun mit den Kindern den Vers.

a)

Der Ratschluss des HERRN hat ewig Bestand, die Gedanken seines Herzens von Geschlecht zu Geschlecht.

Psalm 33,11

b)

Nr. 110

Begriffe raten

Material-Checkliste

- ○ Bibel
- ○ Karten
- ○ Filzstift
- ○ Klebeband
- ○ Plakatkarton
- ○ Wäscheklammern

Vorbereitung

Schreiben Sie jeweils ein Wort des Bibelverses (z.B. Jesaja 40,28) auf eine Karte (siehe Abb. a = Vorderseite). Auf die Rückseite schreiben Sie Dinge, die Gott geschaffen hat. Die Karten werden der Reihenfolge nach nummeriert (siehe Abb. b).

Auf den Plakatkarton werden Zahlen geschrieben - die Abstände müssen so groß sein, dass die Karten über den Zahlen befestigt werden können (siehe Abb. c). Der Plakatkarton wird an einer Wand befestigt.

Spielablauf

Befestigen Sie jedem Kind eine Karte auf dem Rücken (zum Beispiel mit Wäscheklammern). Der Mitarbeiter behält die restlichen Karten.

Den Kindern erklären Sie, dass jedes von ihnen den Namen eines Geschöpfes auf dem Rücken befestigt hat. Die Kinder versuchen zu erraten, was es sein könnte, indem sie sich gegenseitig Fragen stellen, die man nur mit JA oder NEIN beantworten kann.

Beispielfragen: »Ist es ein Tier?«, »Hat es vier Füße?«, »Ist es eine Pflanze?«, »Ist es größer als ein Toaster?«, »Handelt es sich um einen Baum?«

Wenn ein Kind den richtigen Begriff erraten hat, nimmt es seine Karte vom Rücken und klebt sie über die entsprechende Zahl auf dem Plakatkarton. Der Mitarbeiter bringt die restlichen Karten an. Wenn alle Karten auf dem Plakatkarton kleben, lesen die Kinder den Vers laut vor und Sie fragen etwa Folgendes: »Was erfährt man in diesem Vers über Gott?«

a)
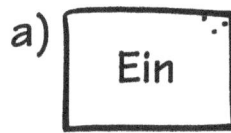
Ein | ewiger | Gott

b)

1 Stern | 2 Banane | 3 Katze

c)
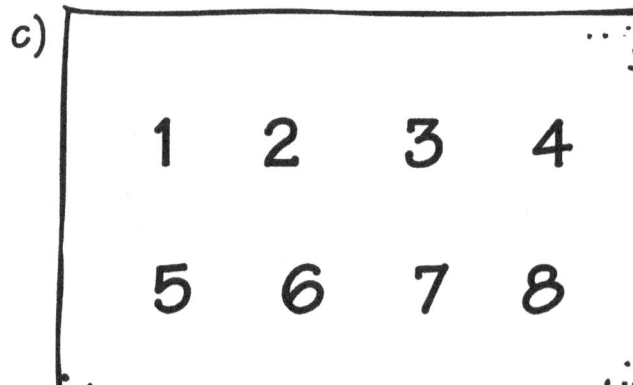

Reise nach Jerusalem

Material-Checkliste

- ○ Bibel
- ○ Musik-CD und CD-Player
- ○ Stuhl für jedes Kind
- ○ Klebeband
- ○ farbiges Papier
- ○ Tafel und Kreide oder Tonpapier
- ○ Karten entsprechend der Wörter des Bibelverses

Vorbereitung

Schreiben Sie den Bibelvers an die Tafel oder auf das Tonpapier, das Sie an der Wand befestigen. Stellen Sie die Stühle in einen großen Kreis, so dass die Kinder den Vers gut lesen können. Kleben Sie das farbige Stück Papier unter einen Stuhl.

Spielablauf

Während die Musik spielt, gehen die Kinder im Stuhlkreis herum. Wird die Musik angehalten, muss sich jedes Kind schnell auf einen Stuhl setzen. Derjenige, der auf dem Stuhl mit dem farbigen Papier sitzt, klebt eine Karte über ein Wort des Verses, so dass es verdeckt ist (siehe Abb.).

Die Gruppe sagt nun gemeinsam den Bibelvers auf und ergänzt das abgedeckte Wort. Fahren Sie mit dem Spiel fort, bis der gesamte Vers verdeckt ist und die Kinder ihn auswendig aufsagen können.

Gut ist der ☐
zu denen, die auf ihn
☐ zu der Seele,
☐ nach ihm ☐

Klagelieder 3,25

Nr. 112

Buchstaben ergänzen

Material-Checkliste

O Bibel

O Tafel und Kreide oder Tonpapier

O Filzstift

O Klebeband oder Heftzwecken

Vorbereitung

Schreiben Sie auf das Tonpapier oder an die Tafel den ersten Teil des Bibelverses.
Ziehen Sie für jeden Buchstaben der fehlenden Wörter einen Strich (siehe Abb. a).
Befestigen Sie das Tonpapier an der Wand.

Spielablauf

Die Kinder raten abwechselnd Buchstaben, die die fehlenden Wörter des Bibelverses vervollständigen könnten. Immer wenn ein Spieler richtig rät, schreiben Sie den Buchstaben auf die entsprechenden Striche. Wenn der Spieler einen Buchstaben nennt, der in keinem Wort des Verses vorkommt, schreiben Sie ihn an den Rand des Verses und beginnen Sie einen Teil einer Person zu malen (siehe Abb. b).

Wenn die Kinder den Vers vervollständigen konnten, bevor Sie die Person zu Ende gemalt haben, haben die Kinder gewonnen. Ist die Person gezeichnet, bevor der Vers komplett ist, hat der Mitarbeiter gewonnen.

(Überlegen Sie, wie viele Teile der Person Sie malen müssen, damit die Kinder gewinnen.)

a)

Denn ein Kind ist uns geboren, ein Sohn ist uns gegeben ...
Und man nennt seinen Namen:

_ _ _ _ _ _ _ _ _ _   _ _ _ _ _ _ _ ,

_ _ _ _ _ _ _   _ _ _ _ ,   _ _ _ _ _   _ _ _   _ _ _ _ _ _ _ _ ,

. _ _ _ _ _   _ _ _   _ _ _ _ _ _ _ _ .   **Jesaja 9,5**

(Text nach Rev. Elberf. Übersetzung)

b)

Vers-Illustrationen

Material-Checkliste

- ◯ Bibel
- ◯ 3 große Bögen Tonpapier
- ◯ Wassermalfarben und Pinsel oder Filzstift
- ◯ schwarzer Filzstift
- ◯ Klebeband

Vorbereitung

Schreiben Sie jeweils einen Teil des Bibelverses an den oberen Rand der Tonpapierbögen (siehe Abb.). Besteht Ihre Gruppe aus mehr als neun Kindern, fertigen Sie ein zusätzliches Set an.

Spielablauf

Lesen Sie den Vers laut mit den Kindern. Teilen Sie die Gruppe in drei Teams ein, die jeweils aus zwei oder drei Kindern bestehen sollten. (Bei einer größeren Gruppe und zwei Sets teilen Sie sie in sechs Teams.)

Jede Gruppe soll einen Abschnitt des Verses mit Wasserfarben oder Filzstiften bildlich darstellen. Sind alle fertig, werden die Bilder im Gruppenraum aufgehängt und der Vers wird laut miteinander gelesen.

Und wenn ich hingehe
und euch eine Stätte bereite,

so komme ich wieder

und werde euch zu mir nehmen,
damit auch ihr seid, wo ich bin.
Johannes 14,3

8-9 Jahre

Lernen und Wiederholen von Bibelversen

Nr. 114

Vers-Spuren

Material-Checkliste

- ○ Bibel
- ○ Zeichenpapier
- ○ Stift
- ○ Schere
- ○ Klebeband
- ○ Kopierer

Vorbereitung

Stellen Sie Ihre Füße auf das Zeichenpapier und malen Sie die Umrisse nach. Kopieren Sie diese so oft, bis Sie für jedes Wort des Bibelverses zwei Fußabdrücke haben und schneiden Sie diese dann aus. Schreiben Sie den Bibelvers auf die Fußabdrücke, so dass zwei Sets entstehen.

Befestigen Sie die Fußabdrücke in der richtigen Reihenfolge auf dem Boden. Sie haben dann zwei Fußspuren (siehe Abb.).

Spielablauf

Teilen Sie die Gruppe in zwei Mannschaften. Jede Mannschaft stellt sich hinter einer Fußspur auf. Lesen Sie den Lernvers aus der Bibel den Kindern vor. Danach wiederholt die Gruppe den Vers gemeinsam, wobei immer ein Kind aus der Gruppe auf die entsprechenden Fußspuren tritt.

Nehmen Sie nach und nach Fußabdrücke aus den Fußspuren weg, bis die Kinder den Vers auswendig können.

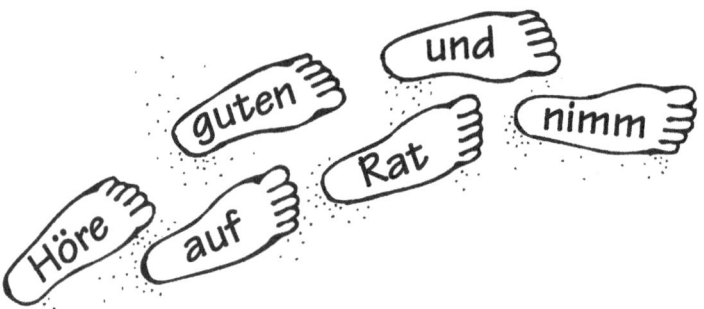

Denkfix

Material-Checkliste

- ○ Bibel
- ○ OHP und Folie oder Tafel und Kreide
- ○ Gummiball

Vorbereitung

Schreiben Sie den Bibelvers auf OHP-Folie oder an die Tafel.

Spielablauf

Die Kinder sitzen im Kreis. Lesen Sie den Bibelvers mehrere Male mit den Kindern.

Das Spiel beginnt, indem Sie den Ball zu einem Kind werfen, das das erste Wort des Verses sagen muss. Danach wirft es den Ball zu einem anderen Spieler, der das zweite Wort nennt. Fahren Sie damit fort, bis der Vers komplett aufgesagt wurde.

Sobald Sie der Meinung sind, dass die Kinder mit dem Vers vertraut sind, schalten Sie den OHP aus oder wischen Sie den Vers von der Tafel. Nun wiederholen Sie das Spiel, wobei die Kinder den Vers aus dem Gedächtnis sagen müssen.

8-9 Jahre

Lernen und Wiederholen von Bibelversen

Wörter verbinden

Material-Checkliste

- ○ Bibel
- ○ Fotokarton
- ○ Stift
- ○ Schere
- ○ Lineal
- ○ Hefter
- ○ Kordel
- ○ großer Bogen Papier oder Kreide und Tafel

Vorbereitung

Schneiden Sie den Fotokarton in 10 x 20 cm große Rechtecke. Schneiden Sie kleine Einkerbungen in die beiden Seiten (siehe Abb.). Befestigen Sie am oberen Rand des Kartons eine 1,20 m lange Kordel und schreiben Sie auf den Karton den Bibelvers wie in der Zeichnung zu sehen ist. Ergänzen Sie den Vers noch mit anderen Wörtern. Für zwei bis drei Kinder sollte eine solche Pappe angefertigt werden. Schreiben Sie danach den Bibelvers auf ein großes Blatt Papier oder an die Tafel.

Spielablauf

Die Kinder verbinden nun abwechselnd mit der Kordel die einzelnen Wörter des Verses. Dabei können sie auf die Tafel oder das große Papier schauen, wenn es Schwierigkeiten gibt. Erklären Sie den Kindern, dass einige Wörter nicht zum Bibelvers gehören, aber trotzdem auf der Pappe stehen.

Haben die Kinder die Wörter miteinander verbunden, lesen Sie den Bibelvers mit der Gruppe gemeinsam.

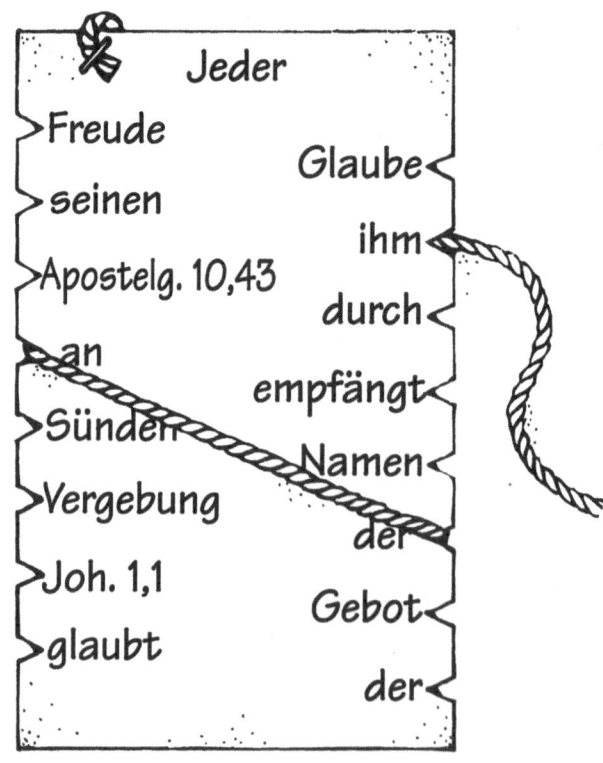

Vers-Puzzle

Material-Checkliste

- ○ Bibel
- ○ großer Bogen Papier
- ○ Filzstift
- ○ Tonkarton oder Zeichenpapier
- ○ Schere
- ○ Klebeband

Vorbereitung

Schreiben Sie den Bibelvers auf ein großes Blatt Papier, das Sie an einem gut sichtbaren Ort im Raum aufhängen. Schreiben Sie den Bibelvers ebenfalls auf die Pappe. Schneiden Sie die Pappe so auseinander, dass ein Puzzle aus geometrischen Formen entsteht (siehe Abb.). Erstellen Sie jeweils ein Puzzle für fünf bis sechs Kinder.

Spielablauf

Geben Sie jeder Gruppe ein Puzzle. Die einzelnen Gruppen teilen ihr Puzzle untereinander auf. Dann legt immer das Kind jeder Gruppe, das als Nächstes Geburtstag hat, sein Teil auf den Tisch. Die Kinder versuchen nun, gemeinsam den Bibelvers zusammenzupuzzeln. Haben sie dies geschafft, liest die Gruppe den Bibelvers laut vor.

Gebiete ihnen, Gutes zu tun, reich zu sein in guten Werken, freigebig zu sein und mitteilsam. 1.Timotheus 6,18

8-9 Jahre

Lernen und Wiederholen von Bibelversen

Nr. 118 Kreiswörter

Material-Checkliste

○ Bibel

○ großes Blatt Papier
und Filzstift
oder Tafel und Kreide

○ Stifte

○ Papier zum Malen

Vorbereitung

Schreiben Sie den Bibelvers an die Tafel oder auf das Papier, wie in der Abb. zu sehen ist.

Spielablauf

Geben Sie jedem Kind Papier und einen Stift. Erklären Sie: *»Die Buchstaben in jedem Kreis gehören zu einem Wort und sind in der richtigen Reihenfolge geschrieben. Aber die Position des ersten Buchstabens ist in jedem Kreis verschieden. Versucht, die Wörter unseres Bibelverses zu entdecken und schreibt sie auf.«*

Die Kinder dürfen zu zweit oder zu dritt arbeiten. Helfen Sie, wenn Probleme auftauchen. Haben die Kinder den Vers entschlüsselt, lesen Sie ihn laut mit der Gruppe.

Die Kinder können den Vers auch in der Bibel suchen und ihn dort lesen.

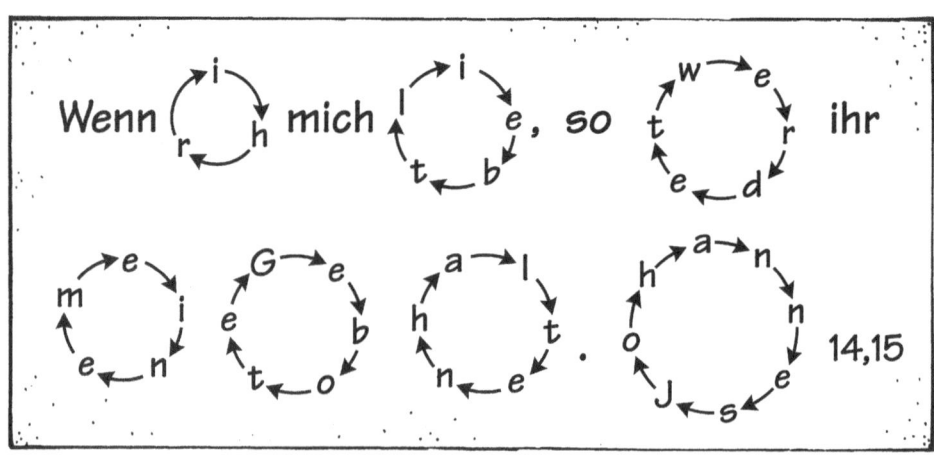

Lernen und Wiederholen von Bibelversen

Baustein-Bibelvers

Material-Checkliste

○ Bibeln

○ Bausteine aus Holz oder aus Tonpapier (5 x 10 cm)

○ Filzstift

○ Tafel und Kreide oder OHP und Folie

Vorbereitung

Schreiben Sie den Bibelvers auf die Bausteine, immer ein Wort pro Stein. Die Bibelstelle wird auf den letzten Baustein geschrieben. (Wenn Sie keine Bausteine aus Holz zur Verfügung haben, fertigen Sie sich »Steine« aus Tonpapier an. Notieren Sie den Vers ebenfalls an der Tafel oder auf Folie.

Spielablauf

Lesen Sie den Bibelvers mit den Kindern. Danach soll die Gruppe die Bausteine in die richtige Reihenfolge bringen. Wenn noch genügend Zeit vorhanden ist, können die Kinder verschiedene Figuren mit den Bausteinen legen, wobei der Bibelvers immer in der richtigen Reihenfolge sein soll, z.B. Pyramide, Kreis, Quadrat, Dreieck, Rechteck.

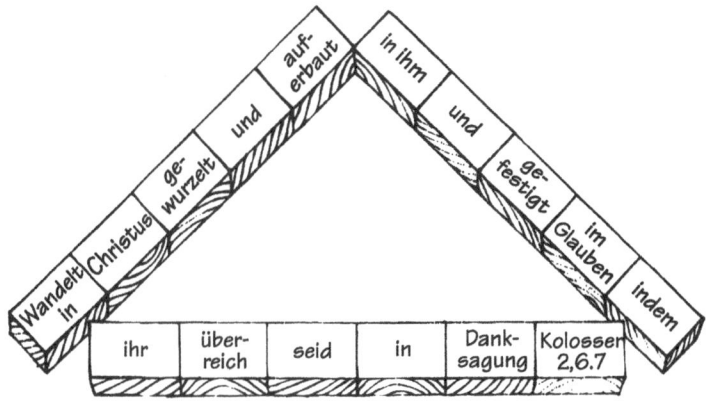

Lernen und Wiederholen von Bibelversen

Versteckter Bibelvers

Material-Checkliste

- ◯ Bibel
- ◯ mehrere Blätter Papier
- ◯ Filzstift
- ◯ Schere, Cutter
- ◯ Stifte

Vorbereitung

Schneiden Sie aus einem Blatt Papier rechteckige Formen heraus (siehe Abb. a). Dann legen Sie dieses Blatt auf ein anderes Papier und schreiben die ersten Wörter des Bibelverses in die Rechtecke (Abb. b). Dann entfernen Sie den Bogen mit den Aussparungen und schreiben zwischen die Wörter wahllos andere Buchstaben (Abb. c).

Fertigen Sie auf diese Weise den ganzen Bibelvers an. (Benutzen Sie immer den gleichen »Musterbogen«.) Erstellen Sie für sechs bis acht Kinder ein Set mit dem kompletten Bibelvers und einen »Musterbogen«.

Spielablauf

Zeigen Sie der Gruppe ein Set der beschriebenen Blätter und erklären, dass der heutige Bibelvers auf diesen Blättern versteckt ist. Die Kinder sollen mit ihrer Gruppe die Wörter entdecken. Dazu benutzen sie das Blatt mit den ausgeschnittenen Rechtecken, das sie über die Blätter mit den Versteilen legen. Dadurch lassen sich die Wörter lesen. Jeweils einer aus der Gruppe soll die gefundenen Wörter auf ein extra Blatt schreiben. Dann müssen die Wörter noch in die richtige Reihenfolge gebracht werden. Haben alle Gruppen den Vers gefunden, lesen Sie ihn laut mit den Kindern vor.

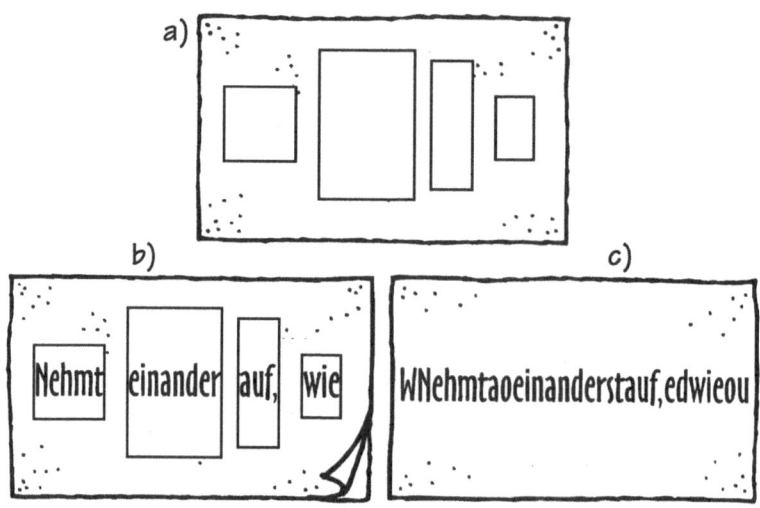

Lernen und Wiederholen von Bibelversen

Luftballon-Überraschung

Material-Checkliste

- O Luftballons
- O Markierstift
- O Edding
- O 2 bis 3 Meter lange Kordel (Wäscheleine)
- O Wäscheklammern
- O Nadel

Vorbereitung

Blasen Sie je nach der Anzahl der Wörter im Bibelvers Luftballons auf. Schreiben Sie jeweils ein Wort auf einen Ballon, danach lassen Sie die Luft wieder heraus. Hängen Sie die Leine im Raum auf.

Spielablauf

Bitten Sie jedes Kind, einen Ballon aufzublasen und ihn irgendwo an die Wäscheleine zu hängen. Anschließend sollen die Kinder die Ballons (Wörter) in die richtige Reihenfolge bringen und den Vers gemeinsam lesen. Dann darf einer einen Ballon abnehmen und zum Platzen bringen. (Wenn es zu schwierig ist, darf mit einer Nadel nachgeholfen werden.) Nun wird der Vers wieder gemeinsam gelesen und dabei das fehlende Wort ergänzt. Fahren Sie mit dem Spiel fort, bis alle Ballons geplatzt sind und die Kinder den Vers aus dem Gedächtnis aufsagen können.

8-9 Jahre
Lernen und Wiederholen von Bibelversen

Nr. 122

Bibelvers-Zahlenspiel

Material-Checkliste

○ Bibel

○ 2 große Bögen Papier und Filzstift oder Tafel und Kreide

Vorbereitung

Schreiben Sie den Bibelvers in Codeform (jede Zahlenkombination steht für einen Buchstaben) an die Tafel oder auf einen großen Bogen Papier. Zeichnen Sie das Gitter auf (siehe Abb.).

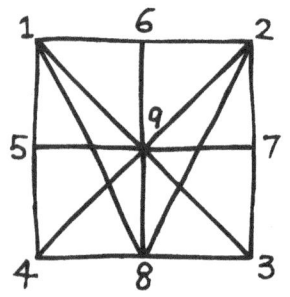

Spielablauf

Erklären Sie den Kindern Folgendes: »*Jede Zahlengruppe unter einem Strich steht für einen Buchstaben.*« Nun zeigen Sie das Gitter. »*Um die Buchstaben zu finden, müsst ihr in dem Gitter von Zahl zu Zahl fahren.*« (Wenn man zum Beispiel von der 1 zur 4 und dann zur 3 fährt, ergibt das ein L.) »*Sind die Zahlengruppen durch einen Bindestrich getrennt, müsst ihr sie separat nachfahren, also nicht mit den vorherigen zusammen. Wir werden jeden gefundenen Buchstaben in den Vers eintragen, bis er vervollständigt ist.*«

Freiwillige dürfen nun abwechselnd die Buchstaben eintragen. Am Schluss wird der Bibelvers von der Gruppe laut gelesen.

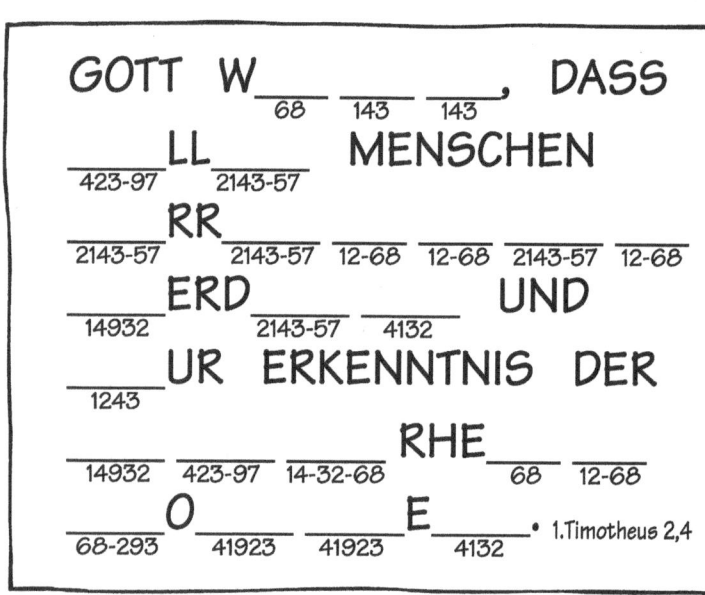

Bilderrätsel

Material-Checkliste

- Papier
- Schere
- Filzstifte oder Bleistifte
- Kopierer

Vorbereitung

Malen Sie ein Bilderrätsel des Bibelverses auf (siehe Abb.), und kopieren Sie es für die Kinder. Immer zwei Kinder erhalten ein »Bilderrätsel«. Schneiden Sie das Rätsel in Puzzleteile.

Spielablauf

Erklären Sie: »*Eine Botschaft wurde verschlüsselt. Eure Aufgabe ist es, diese Botschaft zu finden.*« Teilen Sie die Kinder in Paare ein. Jedes Paar erhält ein Puzzle, muss es zusammenlegen und den Bibelvers entschlüsseln. Wenn alle das Rätsel gelöst haben, wiederholen Sie den Vers mit der ganzen Gruppe.

8-9 Jahre

Lernen und Wiederholen von Bibelversen

Geometrisches Puzzle

Material-Checkliste

- ○ Bibel
- ○ 4 verschiedenfarbige Blätter
- ○ Filzstift
- ○ Schere

Vorbereitung

Schneiden Sie die farbigen Papiere in verschiedene geometrische Formen (Kreis, Dreieck, Quadrat, Rechteck). Schreiben Sie den Bibelvers darauf, ein Wort oder Abschnitt auf jede Form (siehe Abb.). Schneiden Sie jede Form in zwei oder drei Teile. (Für größere Gruppen fertigen Sie mehrere Sets des Bibelverses an.)

Spielablauf

Geben Sie jedem Kind ein oder mehrere Puzzleteile. Sie sollen nun die Kinder suchen, die dieselbe Farbe haben wie sie selbst. Dann werden die Teile zusammengesetzt und in die richtige Reihenfolge gebracht.

Lesen Sie den Vers gemeinsam mit der Gruppe und sprechen Sie über die wichtige Botschaft, die er enthält.

Lernen und Wiederholen von Bibelversen

Gedächtnis-Wettbewerb

Material-Checkliste

O kleine Karten

O Filzstift

O Kreide und Tafel

O Tapetenrolle

Vorbereitung

Schreiben Sie den Bibelvers an die Tafel oder auf Tapetenrolle. Fertigen Sie einige Kartensets an, indem Sie jedes Wort des Verses auf eine Karte schreiben.

Spielablauf

Teilen Sie die Gruppe in Teams ein, geben Sie jedem Team ein Kartenset. Die Aufgabe der Teams ist es, den Bibelvers so schnell wie möglich in die richtige Reihenfolge zu legen. Dabei dürfen sie an die Tafel oder die Tapetenrolle schauen, wenn sie nicht weiterwissen.

Hat es jede Mannschaft geschafft, den Vers zu ordnen, nehmen Sie die Tapete ab oder wischen den Vers von der Tafel. Die Karten jeder Mannschaft werden gemischt und die Kinder versuchen, den Bibelvers aus dem Gedächtnis zu ordnen.

Wenn genügend Zeit ist, nehmen Sie jeder Mannschaft eine Karte weg und ein Spieler muss den Vers vorlesen. Die restliche Gruppe setzt das fehlende Wort ein.

Sprechen Sie mit den Kindern darüber, was uns der Vers über Gott sagt.

| Seht, | welch | eine Liebe | uns der Vater | gegeben hat, |
| dass wir | Kinder | Gottes | heißen sollen. | 1. Johannes 3,1 |

8-9 Jahre

Lernen und Wiederholen von Bibelversen

Nr. 126

Perfektes Bild

Material-Checkliste

- ◯ Bibel
- ◯ Filzstift
- ◯ Lineal
- ◯ Bilder DIN-A4 (Zeitschrift, Kalender)
- ◯ DIN-A4 Blätter
- ◯ Kleber
- ◯ Prospekthüllen
- ◯ Tesafilm

Vorbereitung

Für Kleingruppen von drei bis vier Kindern kleben Sie je ein Bild auf weißes Papier. Unterteilen Sie das Blatt auf der Rückseite in acht Felder und schreiben Sie in jedes einen Teil des Bibelverses (siehe Abb.). Schneiden Sie die Teile auseinander und legen Sie diese in eine Prospekthülle.

Spielablauf

Teilen Sie Kleingruppen von drei bis vier Kindern ein und geben Sie jeder ein Puzzle. Die Kinder sollen den Vers in die richtige Reihenfolge bringen und dabei die einzelnen Teile mit Tesafilm auf die Prospekthülle kleben. Wird diese dann umgedreht, sehen die Kinder das Bild, wenn der Vers richtig geordnet wurde.

Und er wird	jede Träne von
ihren Augen abwischen,	und der Tod wird
nicht mehr sein, noch	Trauer, noch Geschrei
noch Schmerz wird	mehr sein. Offb. 21,4

Wer ist unser Beschützer?

Material-Checkliste

○ Karte, ca. 5 x 5 cm

○ Filzstift

○ Tafel und Kreide
   oder OHP und Folie

Vorbereitung

Schreiben Sie den Bibelvers auf die Karte sowie an die Tafel oder auf Folie.

Spielablauf

(Abgeleitet von: »Taler, Taler, du musst wandern!«) Die Kinder stehen im Kreis und legen ihre Hände auf den Rücken. Der Mitarbeiter sucht ein Kind aus, das »Es« ist und in der Mitte des Kreises steht. Der Mitarbeiter geht an der Außenseite des Kreises herum und tut so, als würde er jedem Kind die Karte mit dem Bibelvers in die Hände legen. Nach einiger Zeit gibt er sie wirklich einem Spieler. »Es« versucht herauszufinden, wer die Karte hat. »Es« geht zu einem Kind und fragt: *»Wer ist unser Beschützer?«* (Wählen Sie eine Frage aus, zu der die Antwort im Bibelvers enthalten ist.)

Wer die Karte nicht besitzt, sagt *»Such weiter!«* und »Es« spricht einen neuen Spieler an. Hat das angesprochene Kind die Karte, soll es mit dem Bibelvers antworten: *»Gott ist unsere Hoffnung und unser Beschützer, in unserer Not hilft er uns.«* Nun wird dieses Kind »Es«. Das vorherige »Es« gibt die Karte weiter, wie es anfangs der Mitarbeiter getan hat.

Fahren Sie mit dem Spiel fort, bis jedes Kind die Chance gehabt hat, »Es« zu sein.

8-9 Jahre

Lernen und Wiederholen von Bibelversen

Suchen und finden

Material-Checkliste

- ❍ Karten
- ❍ Filzstift
- ❍ Schere

Vorbereitung

Bereiten Sie immer für zwei Kinder eine Karte vor. Teilen Sie die Karten in der Mitte und beschriften Sie diese mit biblischen Aussagen (Beispiele siehe unten), so dass jeweils ein Teil der Aussage auf einer halben Karte steht.

Spielablauf

Teilen Sie jedem Kind eine Kartenhälfte aus. Erklären Sie: *»Wir werden heute gute Nachrichten finden. Jedoch hat jeder nur eine Hälfte der Nachricht. Ihr müsst nun das Kind mit der anderen Hälfte finden. Habt ihr euer Gegenstück gefunden, setzt ihr euch zusammen.«*

Jesus ist / Gottes Sohn.

Jesus starb / für meine Sünden.

Du kannst ein Mitglied / von Gottes Familie werden.

Gott vergibt / unsere Sünden.

Gott / erhört Gebete.

Ich kann anderen / von Jesus erzählen.

Gott wird / mich beschützen.

Jesus hat / ewiges Leben versprochen.

Die Bibel ist / Gottes Wort.

Kicken und schreiben

Material-Checkliste

○ Tafel und Kreide
  oder Tapetenrolle und Stift
○ Klebeband
○ Bälle

Vorbereitung

Schreiben Sie an die Tafel oder auf die Tapetenrolle senkrecht ein Schlüsselwort der Stunde (siehe Abb.), und zwar einmal für jede Mannschaft von drei bis sechs Spielern. Markieren Sie mit Klebeband eine Startlinie, die sich einige Meter von der Tafel entfernt befindet.

Spielablauf

Teilen Sie die Gruppe in Mannschaften ein. Diese stellen sich hinter der Startlinie auf. Der erste Spieler jeder Mannschaft kickt den Ball zur Tafel/Tapetenrolle. Dann notiert er waagerecht ein Wort oder einen Satz, der entweder mit dem vorhandenen Buchstaben beginnt oder ihn enthält, aber auf jeden Fall zum Inhalt des senkrechten Wortes passt (siehe Abb.). Dann wird der Ball zurück zum zweiten Spieler gekickt, der nun an der Reihe ist. Das Team, das als Erstes alles ergänzt hat, hat gewonnen.

Ist genügend Zeit vorhanden, wiederholen Sie das Spiel mit anderen Wörtern.

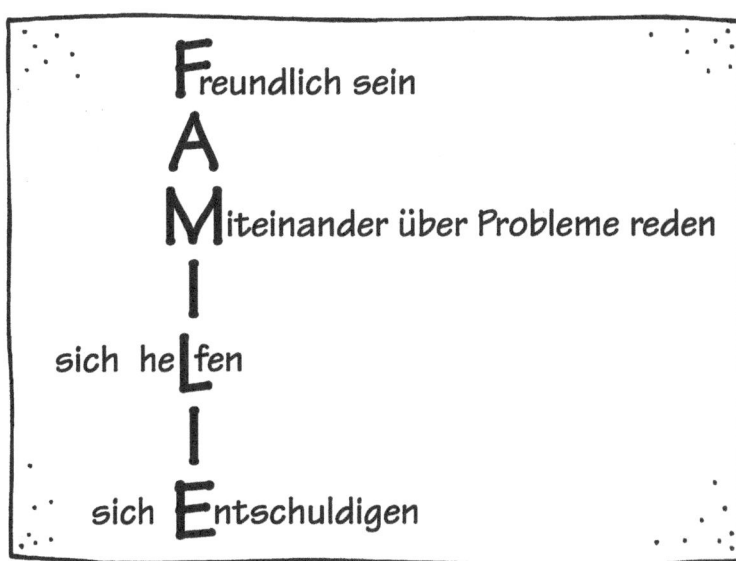

8-9 Jahre

Anwendung aufs Leben

Schnelle Antwort

Material-Checkliste

- ○ Bibel
- ○ Plakatkarton
- ○ Filzstift
- ○ Softball pro Mannschaft (5-6 Spieler)
- ○ Stoppuhr oder Uhr mit Sekundenzeiger
- ○ Klebeband

Vorbereitung

Schreiben Sie die »Früchte des Geistes« auf den Plakatkarton und befestigen Sie ihn an der Wand.

Spielablauf

Teilen Sie die Gruppe in Mannschaften von fünf bis sechs Spielern ein. Jede Mannschaft setzt sich in einen Kreis auf den Boden. Wiederholen Sie mit der gesamten Gruppe die Definitionen für die Früchte des Geistes. *»Für dieses Spiel müsst ihr wissen, wie man die Früchte des Geistes im Leben umsetzen kann. Zum Beispiel, woran kann man sehen, dass jemand die Liebe Gottes in seinem Leben hat.«* Oder: *»Wie kann man zeigen, dass man Freude hat, dass man Frieden hat? Wann kann man geduldig und freundlich sein?«*

Lassen Sie die Kinder Antworten vorschlagen. Auf Ihr Signal hin, nennt der erste Spieler eine Frucht des Geistes und spielt den Ball zu einem anderen seiner Mannschaft. Dieser muss einen Vorschlag machen, wie diese Frucht im täglichen Leben umzusetzen ist. Danach nennt er eine andere Frucht und spielt den Ball wiederum weiter. (Alle Früchte müssen einmal genannt werden, bevor doppelte Nennungen erfolgen können. Allerdings sollten immer neue Ideen und Möglichkeiten zur Umsetzung im Alltag ausgedacht werden.)

Bei jedem Team befindet sich ein Helfer, der die genannten Früchte mit ihren Beispielen zur Umsetzung zählt. Nach einer festgesetzten Zeit wird gestoppt und das Team mit den meisten Beispielen hat gewonnen.

Buchstaben-Wettbewerb

Material-Checkliste

O Karten (DIN-A5)

O Filzstift

O Stift und Papier, um den Punktestand festzuhalten

Vorbereitung

Schreiben Sie die Buchstaben auf Karten, die in den Wörtern der Früchte des Geistes vorkommen. Erstellen Sie zwei Sets folgender Buchstabenkarten: A, A, B, C, D, E, E, F, G, H, I, I, K, L, M, N, R, S, T, T, U (Wortlaut nach Elb. Übersetzung)

Spielablauf

Teilen Sie die Gruppe in zwei Mannschaften, die sich auf den Boden setzen sollen. Geben Sie jeder Mannschaft ein Set der Buchstaben, die unter den Spielern aufgeteilt werden. (Geben Sie keinem Spieler dieselben zwei Buchstaben.)

Nennen Sie nun eine Frucht des Geistes. Die Spieler jedes Teams, die die entsprechenden Buchstaben haben, stehen auf und versuchen, sich so schnell wie möglich in die richtige Reihenfolge zu stellen. Das Team, das zuerst das Wort gebildet hat, bekommt einen Punkt. Es gibt Bonuspunkte, wenn die Mannschaft noch eine Anwendung dieser Frucht des Geistes im täglichen Leben nennen kann, zum Beispiel in der Schule, in der Gemeinde, zu Hause.

Als Hilfestellung können Sie fragen: *»Wie könnte man zu Hause Gottes Liebe anderen zeigen? Wie zeigt jemand, dass er friedlich ist? Wann kann man geduldig / freundlich sein?«*

Nr. 132

Gewinner-Kreis

Material-Checkliste

- ○ Musik-CD
- ○ CD-Player
- ○ eine Karte pro Kind
- ○ Filzstift
- ○ Klebeband
- ○ Steine
- ○ wenn möglich Kreide

teilen

freundlich sein

vergeben

Stein

Vorbereitung

Teilen Sie die Karten in drei gleiche Sets auf. Schreiben Sie die Wörter »teilen«, »freundlich sein«, »vergeben« und »geduldig sein« (oder andere Wörter, die in Ihrer Lektion behandelt wurden) auf ein Kartenset, immer ein Wort pro Karte. (Wenn nötig, können Sie auch Wörter doppelt verwenden.) Auf das zweite Kartenset schreiben Sie Orte auf, zum Beispiel: Klassenraum, zu Hause, Supermarkt, Spielplatz, Bus, Auto, Küche, Schlafzimmer, Park, Strand, Schwimmbad.

Auf das dritte Kartenset werden Personen geschrieben, zum Beispiel: Junge, Mädchen, Mutter, Vater, Oma, Opa, Nachbar, Kleinkind, Lehrer, Jugendlicher.

Mit Klebeband markieren Sie drei Kreise auf dem Boden und legen wahllos einige Steine darauf (siehe Abb.). Es sollte ein Stein pro Kind vorhanden sein. Auf drei Steine wird ein X gemalt.

Wenn Sie die Möglichkeit haben, das Spiel im Freien auf Pflastersteinen oder Asphalt zu spielen, malen Sie die Steine und die Kreise auf den Boden.

Spielablauf

Teilen Sie die Gruppe in drei Mannschaften auf. Die erste Mannschaft steht neben den Steinen im äußersten Kreis, die zweite Mannschaft neben denen im mittleren Kreis und die Dritte im innersten.

Geben Sie jedem Kind im äußersten Kreis eine Karte mit einem Ort, den Spielern in der Mitte eine Karte mit einer Person und der Mannschaft in der Mitte jeweils eine Karte mit einem Wort darauf.

Während die Musik spielt, gehen die Kinder im Uhrzeigersinn von Stein zu Stein. Sobald die Musik stoppt, lesen die Kinder bei den Steinen mit dem X ihre Karten vor. Der Spieler, der als Erster seine Hand hebt, muss einen Satz bilden, in dem alle drei Wörter vorkommen und der erklärt, wie die Person Gott gehorchen kann.

Zum Beispiel: *»Meine Mutter war geduldig, als sie in einer langen Schlange an der Kasse anstehen musste.«* Das Team dieses Spielers erhält einen Punkt. Die Mannschaft, die als Erste fünf Punkte hat, hat gewonnen.

Das ABC-Spiel

Material-Checkliste

O großes Blatt Papier und Filzstifte oder Tafel und Kreide

Vorbereitung

Schreiben Sie die Buchstaben des Alphabets senkrecht auf die linke Seite des Papiers oder der Tafel (Abb. a). Geben Sie jedem Buchstaben eine Nummer von 1-10. Teilen Sie Buchstaben, die häufiger gebraucht werden, wie A oder E, eine niedrige Zahl zu und selten verwendeten Buchstaben, wie V oder Z, eine hohe Zahl. Sie dürfen die Zahlen von 1-10 so oft wie nötig vergeben. Schreiben Sie die Zahlen neben die Buchstaben.

Beschreiben Sie ein separates Blatt mit:

Wege zur Weisheit
- Frieden stiften
- besonnen reagieren
- anderen dienen
- Gutes tun
- Gott vertrauen

wie in Abb. b) zu sehen ist.

Spielablauf

Teilen Sie die Gruppe in zwei bis vier Mannschaften. Die Mannschaften denken sich abwechselnd Sätze aus, die Möglichkeiten beschreiben, um Gott zu dienen. Die Kinder schreiben dann die Sätze neben die Buchstaben, mit denen ihre Sätze beginnen.

Die Mannschaft erhält so viele Punkte, wie neben den Buchstaben stehen. Die Sätze müssen nicht in der Reihenfolge des Alphabets genannt werden. Fällt keinem Team ein Satz zu den übrig gebliebenen Buchstaben mehr ein, hat die Mannschaft mit den meisten Punkten gewonnen.

Die ganze Gruppe kann auch zusammenarbeiten und sehen, wie viele Punkte gemeinsam erreicht werden können.

a)

```
A
B
C
D
E
F
G
```

b)

Wege zur Weisheit
- **Frieden stiften**
- **besonnen reagieren**
- **anderen dienen**
- **Gutes tun**
- **Gott vertrauen**

c)

```
A = 1    Aufgaben freiwillig übernehmen
B = 2
C = 3
D = 4
E = 5    Einen Streit vermeiden und Frieden stiften
F = 6
G = 7    Gott hört mir zu, wenn ich bete.
```

8-9 Jahre
Anwendung aufs Leben

Pantomime

Material-Checkliste

○ Stift
○ kleine Karten
○ Schüssel oder kleiner Sack

Vorbereitung

Überlegen Sie sich Wörter, die Begriffe beschreiben, die Sie mit den Kindern behandelt haben. Beispiel: vergeben, beten, teilen, lieben, gehorchen, helfen, ermutigen. Schreiben Sie jeweils eine Silbe der Wörter auf eine Karte und nummerieren Sie die Karten, die zu einem Wort gehören mit derselben Zahl (siehe Abb.). Mischen Sie die Karten und legen Sie so viele Karten in die Schüssel oder den Sack, wie Sie Kinder haben. Die übrigen Karten behalten Sie noch.

Spielablauf

Jedes Kind zieht eine Karte aus der Schüssel oder dem Sack. Auf ein Startzeichen hin suchen sich die Kinder diejenigen, die dieselbe Zahl auf ihrer Karte haben. Haben sich alle Gruppen gefunden, verteilen Sie die restlichen Karten an die jeweiligen Gruppen.

Nun ordnen die Gruppen ihre Silben so, dass ein Wort entsteht, das sie nicht verraten dürfen. Die Kinder sollen nun überlegen, wie sie das Wort pantomimisch darstellen können. Jede Gruppe stellt ihre Pantomime vor und die anderen raten, welches Wort gespielt wird.

Zum Schluss können sie noch fragen: *»Wie kann man andere ermutigen?«, »Wann hat euch einmal jemand vergeben?«*

   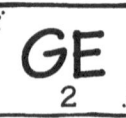 

Welche Zahl?

Material-Checkliste

○ großer Bogen Pappe

○ Schere

○ Tesafilm

○ Filzstift

○ Papier oder Haftnotiz-Zettel

Vorbereitung

Überlegen Sie sich neun Fragen zum Thema der Stunde. Diese Fragen können sich z.B. um einen Bibelvers und dessen Anwendung aufs Leben drehen. Die Frage muss mit einem Wort beantwortet werden können.

Die Antwort zu den Fragen schreiben Sie zwei Mal auf die Pappe (siehe Abb.). Schneiden Sie das Papier in 18 kleine Rechtecke und kleben Sie diese auf die Pappe über die Wörter. (Sie können auch Haftnotiz-Zettel verwenden.) Nummerieren Sie die kleinen Rechtecke.

Spielablauf

Teilen Sie die Gruppe in zwei Mannschaften und legen Sie die Reihenfolge fest, in der sie später spielen werden. Lesen Sie die erste Frage laut vor. Der Spieler der ersten Mannschaft versucht herauszufinden, unter welchen beiden Rechtecken sich die Antwort verbirgt, indem er zwei Zahlen ruft. Der Leiter deckt die beiden Rechtecke auf und schaut, ob unter ihnen die richtige Antwort steht.

Ist dies der Fall, werden die Rechtecke dem Team gegeben. Kann der Spieler nur eine oder gar keine Antwort finden, bleiben sie an der Pappe hängen und die zweite Mannschaft ist an der Reihe.

Die Teams wechseln sich ab, bis die Antworten für die erste Frage gefunden wurde. Das Spiel ist zu Ende, wenn alle Antworten für alle Fragen gefunden wurden.

8-9 Jahre

Anwendung aufs Leben

Kreuzwort-Rallye

Nr. 136

Material-Checkliste

○ Tafel und Kreide oder Tapetenrolle und Filzstifte

○ Timer

Vorbereitung

Schreiben Sie senkrecht auf die Tafel oder die Tapetenrolle eine Aussage über die Liebe (siehe Abb.). Dieselbe Aussage wird auf einen anderen Teil der Tafel oder ein neues Stück Tapete geschrieben, so dass für jedes Team eine Aussage zur Verfügung steht.

Spielablauf

Teilen Sie die Gruppe in zwei Mannschaften. Stellen Sie den Timer auf fünf Minuten.

Die Mannschaften formulieren waagerecht Sätze, die zeigen, wie ein Verhalten im Alltag von der Liebe geprägt sein kann. Die senkrechten Buchstaben müssen in dem Satz vorkommen.

Die Mannschaft, die nach fünf Minuten am weitesten gekommen ist, hat gewonnen.

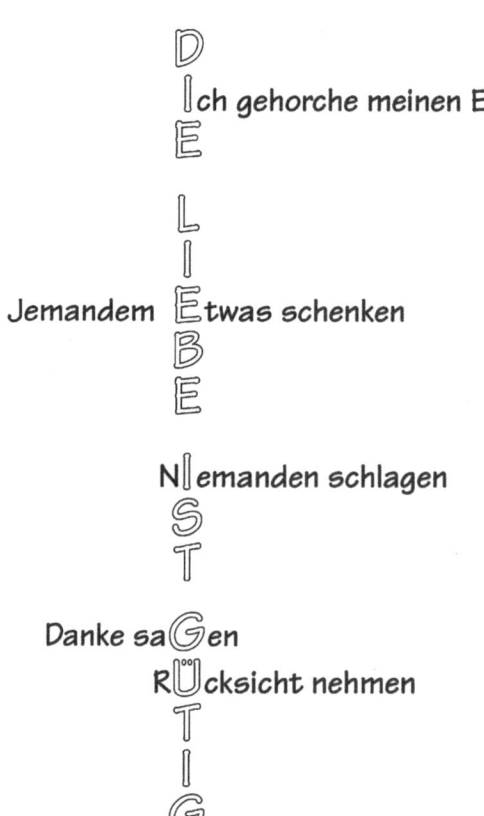

Handpuppenspiele

Material-Checkliste

○ 2 Handpuppen

○ Stift

○ kleine Karten

Vorbereitung

Schreiben Sie auf jede Karte eine einfache Szene, die mit den Handpuppen nachgespielt werden kann (siehe Abb.).
Die Szenen sollten ein offenes Ende haben, um Gelerntes anwenden zu können. Legen Sie die Karten verdeckt auf einen Tisch.

Spielablauf

Teilen Sie die Gruppe in Paare ein. Jedes Paar nimmt sich eine Karte und überlegt, wie es die Situation mit den Puppen am besten nachspielen kann und wie die Szene enden könnte. (Bleibt ein Kind übrig, darf es der Ansager für die Puppenspiele sein.)

Nach jeder Spielszene sprechen Sie mit den Kindern darüber, wie die Puppen die Lektion der Stunde umgesetzt haben.

Zwei Handpuppen gehen nebeneinander her und stoßen sich plötzlich.

Eine Handpuppe ist erkältet und kann nicht draußen spielen.

Eine Handpuppe hänselt die andere.

Nr. 138

Szenen darstellen

Material-Checkliste

O große Kiste

O verschiedene Dinge, die man in Spielszenen gebrauchen kann (Handtasche, Hut, Bandage, Tennisschläger, Puppe, Briefpapier, Bibel etc.)

Vorbereitung

Keine

Spielablauf

Jeder Spieler darf sich einen Gegenstand aus der Kiste nehmen. Nun spielen die Kinder nacheinander kurze Szenen, in denen die Anwendung der behandelten Lektion deutlich wird. Sie dürfen in Gruppen von zwei oder drei zusammenarbeiten. Die Gegenstände aus der Kiste müssen in der Szene vorkommen.

(Mögliche Themen für die Szenen: anderen helfen; Gott weiß, was wir brauchen; Vergebung; Gott hilft uns, wenn wir Angst haben.)

Vertiefen Sie im Gespräch die Aussagen der Szenen.

Mehrzweckbox

Material-Checkliste

◯ 1 großen Karton

Vorbereitung

Keine

Spielablauf

Die Kinder benutzen den Karton, um Teile der biblischen Geschichte nachzuspielen oder Situationen zu spielen, die zeigen, wie sie die Aussagen der Lektion im Alltag umsetzen würden.

Ermutigen Sie die Kinder, ihre Fantasie und ihre Vorstellungskraft einzusetzen. Nennen Sie den Kindern einige Beispiele; die Szenen sollten dann spontan gespielt werden. z.B.: »*Welche guten Taten kann man mit Gottes Hilfe vollbringen?*« Die Kinder spielen mit dem Karton Situationen nach, in denen Gehorsam, Geduld, Ehrlichkeit, Freundlichkeit, Vergebung usw. zum Ausdruck kommen. (Zum Beispiel tut man so, als ob man Müll aufsammelt und ihn in den Karton wirft.) Oder: »*Wie kann man seinen Feinden Liebe zeigen?*« (Beispiel: Ein Kind, das oft gemein ist, hat in der Schule einen Platten am Fahrrad. Da es einen weiten Weg nach Hause hat, holt man seine Mutter, mit der man in der »Autobox« zu ihm fährt, um ihm zu helfen.) Oder: »*Wann kann man anderen von Gott erzählen?*« Nun werden Szenen gespielt, in denen die Kinder zeigen, wann sie anderen von Gott erzählen könnten. (Ein Freund ist krank und liegt in der »Bettbox«. Man besucht ihn, liest ihm etwas vor und erzählt von Gott.

Eine Variante wäre, die Szenen pantomimisch darzustellen und die anderen raten zu lassen. Derjenige, der richtig rät, darf als Nächstes spielen.

Nr. 140

Problem lösen

3Material-Checkliste

O Stifte

O 2 Blatt Papier

Vorbereitung

Keine

Spielablauf

Teilen Sie die Gruppe in zwei Mannschaften und schicken Sie jede in einen anderen Raum (oder setzen Sie sie im selben Raum so weit wie möglich auseinander).

Die erste Mannschaft erstellt eine Liste von 10 Problemen, zum Beispiel: »*Mein kleiner Bruder will immer in meinem Zimmer spielen.*« Die zweite Mannschaft denkt sich 10 Antworten zu möglichen Problemen aus, z.B.: »*Sage die Wahrheit, auch wenn es schwer fällt.*«

Sind die Mannschaften wieder zusammen, liest ein Mitglied vom ersten Team ein Problem vor und Team zwei überlegt, welche ihrer Antworten am ehesten passen könnte. Ein Spieler liest sie vor. Es wird vorkommen, dass einige Antworten nicht ganz passen oder sehr lustig wirken.

Sie können auch eine umgekehrte Version spielen. Sobald die Mannschaften wieder im selben Raum sind, liest die eine erst die Lösungen vor und die andere sucht dazu ein passendes Problem aus.

Sprechen Sie mit den Kindern darüber, wie Gott zum Beispiel in dieser Situation helfen kann.

Variation

Mannschaft eins denkt sich einige lustige Probleme aus, etwa: »*Meine Füße sind in der Nacht gewachsen und jetzt dreimal so groß wie vorher.*« Mannschaft zwei überlegt lustige Lösungsvorschläge, z.B. »*Bürste sie, bis sie wieder weiß sind.*«

Danach sprechen Sie mit den Kindern darüber, wie Gott uns bei richtigen Problemen hilft.

Spiele für Kinder von 10 bis 12 Jahren

Nr. 141

Skizzen raten

Material-Checkliste

O Bibel

O Stifte

O einen Zettel für jedes Kind

O Kreide und Tafel oder großer Bogen Tonpapier

Vorbereitung

Wählen Sie eine biblische Geschichte aus, die mit den Kindern durchgenommen wurde. Schreiben Sie für jedes Kind ein Ereignis aus der Geschichte auf einen Zettel.

Spielablauf

Jedes Kind erhält einen Zettel, liest sich die Aussage durch und denkt sich ein Symbol oder eine Skizze aus, mit der es dieses Ereignis darstellen kann. Der Mitarbeiter bittet einzelne Kinder, ihre Skizze bzw. ihr Symbol an die Tafel oder auf das Papier zu malen. Die übrigen Kinder raten, welches Ereignis gemeint sein könnte. Bei Bedarf dürfen auch mehrere Symbole gemalt werden. Das Ziel ist aber, das Ereignis mit so wenig Symbolen wie möglich darzustellen.

Wurden die Ereignisse erraten, fragen Sie zum Beispiel: *»Wer hat in dieser Situation Respekt bewiesen? Welche Entscheidung musste diese Person treffen? Stimmst du mit ihren Entscheidungen überein? Warum oder warum nicht?«*

Dreibeinlauf der Tiere

Material-Checkliste

- ○ Bibel
- ○ 2 Stühle
- ○ Papier
- ○ 2 Karten (DIN-A5)
- ○ Stoffbänder oder Tücher
- ○ Klebeband

Vorbereitung

Wählen Sie eine biblische Geschichte aus, die mit der Gruppe durchgenommen wurde. Schreiben Sie auf das Blatt Papier richtige und falsche Aussagen über Ereignisse aus der Geschichte. (Eine Aussage für jeweils zwei Kinder.)

Schreiben Sie auf die Karten »richtig« und »falsch« und befestigen Sie diese jeweils an einem Stuhl. Zwischen den beiden Stühlen werden den Mannschaften aufgestellt (siehe Abb. a).

Spielablauf

Teilen Sie die Gruppe in zwei gleich große Mannschaften. (Wenn ein Spieler übrig bleibt, darf er die richtigen oder falschen Aussagen vorlesen.) Jede Mannschaft wird in Paare aufgeteilt. Jedes Paar stellt sich nebeneinander, die beiden inneren Beine werden am Knöchel zusammengebunden (siehe Abb. b). Jedes Paar bekommt einen Tiernamen zugewiesen. Die Teams setzen sich auf den Boden (Abb. a).

Der Mitarbeiter liest nun eine Aussage über die Geschichte vor und ruft den Namen eines Tieres auf.

Die Paare, denen dieses Tier zugewiesen wurde, springen auf und rennen (so schnell es mit den zusammengebundenen Beinen geht) zum Stuhl mit »Richtig« oder mit »Falsch«. Das Paar, das zuerst auf dem richtigen Stuhl sitzt, holt für seine Mannschaft einen Punkt.

Falsche Antworten sollten korrigiert werden. Nach dem Spiel sprechen Sie mit den Kindern z.B. darüber, was die Geschichte über Freude sagt, oder welcher Teil am spannendsten ist und warum.

a) (Mannschaft A)
Huhn   Kuh   Schwein
FALSCH   RICHTIG
Huhn   Kuh   Schwein
(Mannschaft B)

b)

Nr. 143

Montagsmaler

Material-Checkliste

○ Bibel

○ Zettel

○ Stift

○ Stuhl

○ Tafel und Kreide oder Tapetenrolle und Filzstift

Vorbereitung

Schreiben Sie auf die Zettel jeweils einen Begriff oder Gegenstand aus der biblischen Geschichte.

Beispiel: Gesetzeslehrer, Steine, Berge, Geld, Räuber, Priester, Esel, Samariter, Gasthaus

Spielablauf

Teilen Sie die Gruppe in zwei Mannschaften ein, die sich so weit wie möglich voneinander auf den Boden setzen. Die Mannschaften wählen einen »Maler« und einen »Läufer« aus. Stellen Sie den Stuhl zwischen die beiden Teams (siehe Abb.). Der Mitarbeiter steht in der Nähe der Tafel oder der Tapete. Beim Startzeichen läuft der Maler jedes Teams zum Mitarbeiter, der ihnen den ersten Begriff zeigt. Die Spieler malen schnell ein Bild, das den Begriff darstellt. Es dürfen keine Wörter, Buchstaben oder Zahlen benutzt werden.

Die Mannschaften versuchen, das richtige Wort zu erraten. Hat eine Mannschaft die richtige Antwort gefunden, rennt ihr Läufer zum Stuhl, setzt sich und ruft die Antwort. Dieses Team erhält einen Punkt. Nun sind jeweils zwei andere Kinder dran. Wurden alle Begriffe gemalt, gewinnt die Mannschaft mit den meisten Punkten. Sprechen Sie anschließend mit den Kindern über die Geschichte.

Gedanken raten

Material-Checkliste

O Zettel

O Stift

Vorbereitung

Keine

Spielablauf

Die Spieler setzen sich in einen Kreis. Wählen Sie einen Freiwilligen aus, der anfangen darf. Er überlegt sich eine Person, einen Ort oder einen Gegenstand, der in der biblischen Geschichte vorkam. Der zu suchende Begriff wird auf einen Zettel geschrieben und dem Mitarbeiter gegeben, damit dieser weiterhelfen kann, wenn es nötig ist. Die Gruppe muss nun raten, an was dieser Spieler denkt. Dabei dürfen nur Fragen gestellt werden, die mit »Ja« oder »Nein« zu beantworten sind. Derjenige, der als Erstes rät, darf sich etwas Neues überlegen, das geraten werden muss.

Nr. 145

Wir haben es!

Material-Checkliste

○ Bibel
○ Karten
○ Filzstift

Vorbereitung

Schreiben Sie die Buchstaben des Alphabets jeweils auf eine Karte. Q, X, Y dürfen ausgelassen werden. Erstellen Sie zwei Sets davon.

Spielablauf

Teilen Sie die Gruppe in zwei Mannschaften und geben jeder ein Kartenset, das möglichst gleichmäßig unter den Spielern aufgeteilt wird. Dann nennen Sie ein Wort oder einen Namen der biblischen Geschichte. Die Spieler mit den entsprechenden Buchstaben müssen sich so aufstellen, dass das Wort zu lesen ist. (Besitzt ein Spieler mehrere Buchstaben, die im Wort benötigt werden, gibt er sie an jemand ab, der gerade nicht zur Wortbildung gebraucht wird. Wird der Buchstabe eines Spielers mehrere Male im Wort benötigt, stellt er sich dorthin, wo der Buchstabe das erste Mal vorkommt.)

Sobald die Mannschaft richtig steht, rufen alle laut »Wir haben es!« Das andere Team muss in der Stellung, die es zu diesem Zeitpunkt hat, stehen bleiben. Die Spieler der ersten Mannschaft buchstabieren ihr Wort laut vor. Wird ein Buchstabe zweimal gebraucht, läuft der entsprechende Spieler einfach zur nächsten Position, sobald sein Buchstabe genannt wird.

Für richtiges Buchstabieren erhält die Mannschaft 10 Punkte, bei einem Fehler nur 5, dann ist die andere Mannschaft an der Reihe.

Wurde ein Wort richtig buchstabiert, lassen Sie die Mannschaft erklären, was dieses Wort bedeutet und wo es in der biblischen Geschichte vorkommt.

Tipp: Spielen Sie eine Proberunde, bevor Sie anfangen, Punkte zu zählen.

Geometrische Geschichten

Material-Checkliste

○ Bibel

○ großes Papier und Filzstift oder Tafel und Kreide

○ Papier

○ Stifte

Vorbereitung

Keine

Spielablauf

Teilen Sie die Gruppe in Mannschaften von vier bis sechs Spielern ein. Sagen Sie jeder Mannschaft leise ein Ereignis aus der biblischen Geschichte. Nun probieren die Mannschaften auf dem Papier aus, wie sie ihre Szene am besten malen können. Dazu dürfen sie aber nur geometrische Formen verwenden (Kreise, Rechtecke, Dreiecke, Halbkreise). Es müssen zehn einzelne Formen im Bild verwendet werden.

Das Spiel beginnt, indem die Mitglieder des ersten Teams anfangen, ihre Szene auf die Tafel oder das große Papier zu malen. Die anderen Mannschaften raten, was dargestellt werden soll. Konnte die Szene bereits nach der ersten Form erraten werden, erhalten sowohl das malende Team als auch das, das richtig geraten hat, 100 Punkte. Nach der zweiten Form gibt es 90 Punkte, nach der dritten 80 und so weiter.

Kann die Szene gar nicht erraten werden, erhält niemand Punkte und eine andere Mannschaft ist an der Reihe. Waren alle Mannschaften dran, hat das Team mit den meisten Punkten gewonnen.

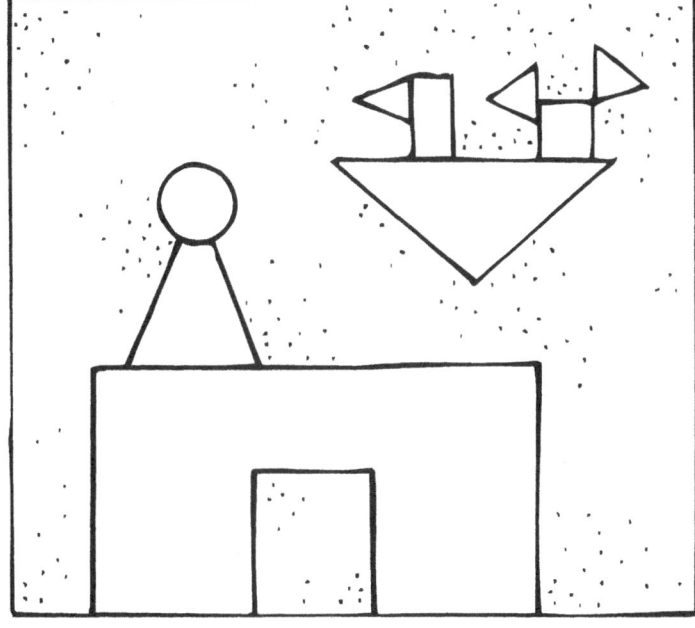

Nr. 147

Biblische Szenen aus Knete

Material-Checkliste

- ○ Knete
- ○ Tisch
- ○ Stoppuhr
- ○ Karten
- ○ Stift

Vorbereitung

Schreiben Sie auf drei Karten kurze Szenen der biblischen Geschichte (siehe Abb.). Nach dem chronologischen Ablauf der Geschichte werden die Karten nummeriert. Legen Sie drei größere Mengen Knete auf den Tisch.

Spielablauf

Teilen Sie die Gruppe in drei Mannschaften ein und geben Sie jeder eine Karte mit der Szene. Die Teams stellen sich so weit wie möglich vom Tisch entfernt auf.

Auf ein Signal hin laufen jeweils die ersten Spieler zum Tisch und fangen an, ihre Szene anzufertigen. Nach 30 Sekunden wird gewechselt und die zweiten Spieler modellieren weiter. Die Szenen sollten fertig gestellt sein, wenn alle Spieler einmal an der Reihe waren. (Sie sollten das Zeitlimit auf die Gruppengröße abstimmen.)

Am Schluss sollen die Szenen erklärt werden. Mannschaft eins könnte zum Beispiel die Szene von Mannschaft zwei erklären und so weiter. Die letzte Gruppe erzählt dann die Geschichte zu Ende.

Der jüngere Sohn bittet seinen Vater um Geld.

Der jüngere Sohn arbeitet bei den Schweinen.

Der Vater wartet auf den heran-nahenden Sohn.

Wer hat das gesagt?

Material-Checkliste

○ Kassettenrekorder
und Leerkassette

○ Tafel und Kreide
oder OHP und Folie

Vorbereitung

Sprechen Sie einige Sätze, die
Personen aus mehreren biblischen Geschichten gesagt haben,
auf Kassette. Variieren Sie dabei
Ihre Stimme.

Spielablauf

Teilen Sie die Gruppe in zwei
Mannschaften ein. Spielen Sie
den ersten Satz von der Kassette
vor. Fragen Sie: *»Wer hat das
gesagt?«* Der Spieler, der zuerst
aufsteht, darf antworten und
kann 100 Punkte für seine
Mannschaft gewinnen. *»Warum
hat er oder sie das gesagt?«*
Wieder darf der erste, der steht,
antworten und Punkte für sein
Team holen. *»Was ist danach
passiert?«* usw.

Führen Sie gut sichtbar den
Punktestand. Das Spiel ist zu
Ende, wenn alle Sätze den
richtigen Personen zugeordnet
wurden.

Nr. 149 Luftballon-Spiel

Material-Checkliste

- ○ CD mit Kinderliedern
- ○ CD-Player
- ○ Softball
- ○ Luftballons
- ○ Klebeband
- ○ Papier
- ○ Stift
- ○ einen Stuhl pro Kind
- ○ Nadel

Vorbereitung

Stellen Sie die Stühle in einen Kreis. Schreiben Sie auf kleine Zettel einige Aussagen der biblischen Geschichte, und zwar eine pro Kind. Lassen Sie das Schlüsselwort in jeder Aussage aus.

Beispiele:

Der jüngere Sohn gab sein Geld für ein _____ Leben aus.

Philippus erzählte das _____ einem Mann aus Äthiopien.

Stecken Sie die Zettel in Luftballons, blasen Sie alle Ballons auf und befestigen Sie diese mit Klebeband an den Rückseiten der Stühle.

Spielablauf

Die Spieler sitzen auf Stühlen. Während die Kassette spielt, werfen die Kinder den Softball wahllos im Kreis herum. Wenn die Musik gestoppt wird, muss derjenige, der den Ball in der Hand hält, den Luftballon hinter seinem Stuhl zum Platzen bringen. (Falls die Ballons schlecht platzen, darf mit einer Nadel nachgeholfen werden.) Nun liest er den Satz vor und ergänzt die Lücke im Satz. Kann er dies nicht, dürfen die anderen Kinder helfen. Stoppt die Musik und jemand hat den Ball in der Hand, dessen Ballon schon zerplatzt ist, darf er ihn einem anderen Spieler zuwerfen. (Bitten Sie die Kinder, den Ball vorsichtig zu werfen.)

Uhr-Geschichten

Material-Checkliste

○ Timer oder Uhr
  mit Sekundenzeiger

Vorbereitung

Keine

Spielablauf

Die Gruppe sitzt im Kreis auf Stühlen. Der Mitarbeiter stellt den Timer auf 15 Sekunden und der erste Spieler beginnt die biblische Geschichte zu erzählen. Piept der Timer, bricht er mitten im Satz ab und der zweite Spieler nimmt seinen Satz auf. Er hat wieder 15 Sekunden Zeit zum Weitererzählen. Fahren Sie damit fort, bis die ganze Geschichte erzählt ist.

Variation: Lassen Sie die Geschichte in moderner Fassung mit aktuellen Situationen erzählen.

Sprechen Sie mit der Gruppe darüber, warum Gott diese Geschichte in die Bibel hat aufschreiben lassen, was die Kinder am wichtigsten finden und was sie sich behalten wollen.

10-12 Jahre

Lernen und Wiederholen von Bibelversen

Nr. 151

Erfindet eine Sprache!

Material-Checkliste

O Bibel

O Tafel und Kreide oder Tonpapier und Filzstift

O Papier und Stifte

Vorbereitung

Schreiben Sie den Bibelvers an die Tafel oder auf das Tonpapier.

Spielablauf

Teilen Sie die Gruppe in Mannschaften von zwei oder drei Spielern ein. Teilen Sie Papier und Stifte aus. Jede Mannschaft erfindet ihre eigene Sprache, indem Sie eine neue Regel im Deutschen einführt. Zum Beispiel nimmt man den letzten Buchstaben eines Wortes, setzt ihn an den Anfang des Wortes und hängt an das Ganze ein -ich. Der Mitarbeiter legt ein Zeitlimit fest und die Mannschaften üben den Bibelvers in ihrer Sprache. Jedes Team stellt am Schluss seine Version des Verses vor und die anderen müssen die neue Regel herausfinden. Leiten Sie zur Bedeutung des Verses über: *»Neue Sprachen zu lernen, ist lustig. Da wir nun viele ›neue Sprachen‹ kennen, reden wir einmal über den Bibelvers. Was hat er uns zu sagen?«* Freiwillige können die Bedeutung von schwierigeren Wörtern erklären.

Münzen werfen

Material-Checkliste

- ○ Bibel
- ○ Musik-CD
- ○ CD-Player
- ○ Pappbecher
- ○ Filzstift
- ○ kleine Münzen
- ○ leerer Instrumentenkasten
- ○ Zollstock

Vorbereitung

Schreiben Sie die Wörter des Bibelverses auf die Pappbecher, zwei oder drei Wörter pro Becher. Stellen Sie die Becher in eine Reihe in den Instrumentenkasten, dessen Deckel geöffnet ist. Die Pappbecher sollen nicht in der Reihenfolge des Verses stehen.

Mit Klebeband markieren Sie eine Linie, die ca. 1,20 m vom Kasten entfernt sein sollte.

Spielablauf

Fragen Sie: »*Wer von euch hat schon mal einen Straßenmusiker gehört?*«, »*Welches Instrument hat er gespielt?*«, »*Hatte er eine Tasse, einen Hut oder sogar den Kasten seines Instrumentes vor sich liegen, damit man Geld hineinwerfen konnte?*«

Teilen Sie an jeden Spieler einige Münzen aus. Erklären Sie, dass die Spieler abwechselnd die Münzen in den Kasten werfen sollen, während die Musik spielt. Die Gruppe stellt sich hinter der Linie auf. Nun versucht der erste Spieler, die Münze in den Becher mit dem ersten Wort zu werfen. Wenn er es geschafft hat, geht er an das Ende der Schlange und der zweite Spieler versucht, seine Münze in den Becher mit dem zweiten Wort zu werfen. Das Spiel ist zu Ende, wenn jeder Spieler die Möglichkeit hatte, seine Münzen zu werfen. Am Schluss lesen alle den Bibelvers in der richtigen Reihenfolge. Fragen Sie: »*Welcher Teil des Verses ist euch am wichtigsten?*«, »*Warum?*«, »*Was habt ihr von diesem Vers gelernt?*«

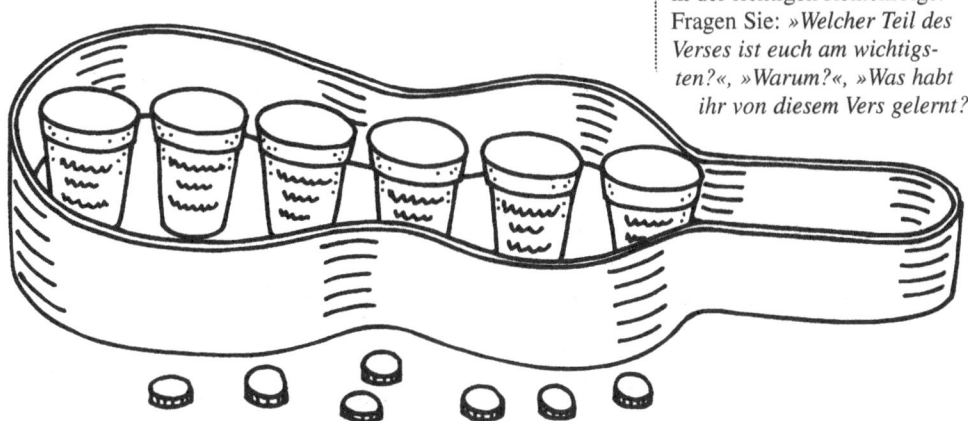

Nr. 153

Schubkarren-Wettrennen

Material-Checkliste

○ Bibel

○ Karten

○ Filzstift

○ Papier

○ zwei Eimer

○ Klebeband

Vorbereitung

Schreiben Sie die Wörter des Bibelverses auf die Karten, immer zwei Wörter pro Karte. Fertigen Sie ein weiteres Set an.

Markieren Sie auf dem Boden mit Hilfe von Klebeband eine Start- und eine Ziellinie, die ca. 9 m voneinander entfernt sind.

Stellen Sie die Eimer an die Ziellinie.

Spielablauf

Legen Sie ein Set der Karten in der richtigen Reihenfolge auf dem Boden aus und lesen Sie den Vers einige Male laut mit den Kindern. Sammeln Sie die Karten danach wieder ein. Teilen Sie die Gruppe in zwei Mannschaften, die sich an der Startlinie aufstellen.

Legen Sie ein Set der Karten (die in der richtigen Reihenfolge sind) jeweils zum ersten Spieler. Nach einem Startsignal nimmt das erste Kind jedes Teams die oben liegende Karte zwischen die Zähne. Nun nimmt ein zweiter Spieler die Füße und es geht in der »Schubkarren-Stellung« zum Eimer an der Ziellinie (siehe Abb.).

Das Kind wirft die Karte in den Eimer, die beiden Spieler tauschen die Rollen und laufen zurück zu ihrer Mannschaft. Bevor die nächsten beiden starten dürfen, sagen die ankommenden Spieler die Wörter, auf ihrer Karte standen. Kommt das zweite Paar wieder bei der Mannschaft an, muss es die Wörter der ersten Spieler wiederholen und danach seine anfügen.

Das Spiel ist zu Ende, wenn der ganze Vers aufgesagt wurde. (Die Paare müssen wahrscheinlich mehrere Runden laufen.)

Fragen Sie: »In welcher Situation könnte der Vers für euch eine Hilfe sein?«, »Wie würdet ihr den Vers mit eigenen Worten sagen?«

Buchstaben-Tattoos

Material-Checkliste

- Gefrieretiketten oder Adressaufkleber
- Filzstift
- Papier und Stift, um den Punktestand zu notieren

Vorbereitung

Schreiben Sie die Buchstaben, die in den Wörtern der Früchte des Geistes vorkommen, auf Gefrieretiketten. Erstellen Sie zwei Sets folgender Buchstabenaufkleber: A, A, B, C, D, E, E, F, G, H, I, I, K, L, M, N, R, S, T, T, U (Liebe, Freude, Friede, Langmut, Freundlichkeit, Güte, Treue, Sanftmut, Enthaltsamkeit - Wortlaut nach Elb. Übersetzung)

Fertigen Sie zwei Sets von den Aufklebern an.

Spielablauf

Teilen Sie die Gruppe in zwei Mannschaften ein, die sich in zwei Reihen auf den Boden setzen. Kleben Sie die Etiketten den Spielern auf die Stirn. (Wahrscheinlich müssen Sie zwei oder drei Sticker für jeden Spieler verwenden. Geben Sie keinem Spieler zwei gleiche Buchstaben.)

Zu Beginn des Spieles nennen Sie eine Frucht des Geistes. Die Spieler stehen auf und versuchen, das Wort zu bilden. (Hat ein Spieler zwei Buchstaben, die für das Wort benötigt werden, gibt er einen davon schnell einem anderen Spieler.) Die Mannschaft, die sich als Erste in der richtigen Reihenfolge aufgestellt hat, bekommt einen Punkt. Es gibt Bonuspunkte, wenn ein Spieler erklären kann, wie man diese Frucht des Geistes im Alltag umsetzen könnte (zu Hause, in der Schule, in der Gemeinde). Als Hilfestellung können Sie fragen: *»Wie kann man zeigen, dass man Frieden im Herzen hat?«, »Wann kann man Geduld zeigen?«, »Wann wäre Freundlichkeit eine Frucht des Geistes?«*

Nr. 155

Fit mit Versen

Material-Checkliste

- ○ Bibel
- ○ Karten
- ○ Tonpapier
- ○ Filzstift
- ○ Schere
- ○ Klebeband
- ○ 5 Locher
- ○ Springseil

Vorbereitung

Schreiben Sie die Stellen der Bibelverse, die in der letzten Zeit auswendig gelernt wurden, für jedes Kind auf eine Karte. Malen Sie fünf Schilder für die Stationen (siehe Abb.). Befestigen Sie diese an der Wand und legen Sie das Springseil zur ersten Station. Ein Mitarbeiter oder Helfer sollte an jeder Station stehen, um sich die Verse anzuhören und die Verskarten zu lochen.

Spielablauf

Jedes Kind erhält eine Karte mit Bibelstellen. Die Spieler gehen nun von Station zu Station und folgen den Anweisungen der Schilder. Die Mitarbeiter an der Station lochen die Verskarten, wenn die Anweisungen ausgeführt wurden.

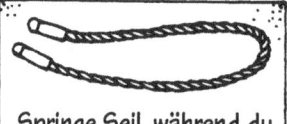

Springe Seil, während du Sprüche 2,6 aufsagst!

Mache »Sit-ups«, während du Sprüche 13,20 aufsagst!

Fasse mit deinen Händen an deine Zehen, während du Sprüche 14,15 aufsagst!

Stehe auf einem Bein, während du Sprüche 12,15 aufsagst!

Schlage Sprüche 3,5.6 in der Bibel auf und lies den Vers laut vor!

Ping-Pong-Vers

Material-Checkliste

○ Bibel

○ Tischtennisplatte

○ 2 Schläger

○ Tischtennisball

Vorbereitung

Stellen Sie die Tischtennisplatte auf.

Spielablauf

Teilen Sie die Gruppe in zwei Mannschaften, jede stellt sich an einer Seite der Tischtennisplatte auf. Der erste Spieler sagt das erste Wort des Verses, wenn er den Ball über die Platte spielt und stellt sich wieder hinten an. Der erste Spieler der zweiten Mannschaft sagt nun das zweite Wort und schlägt den Ball zurück.

Spielen Sie so lange, bis der Vers einige Male aufgesagt wurde oder wie das Interesse der Kinder anhält. (Verfehlt ein Kind den Ball, erlauben Sie ihm einen zweiten Versuch mit demselben Wort.)

Variante

Dieses Spiel kann auch als Rundlauf gespielt werden.

Nr. 157

Bibelvers-Umschreibung

Material-Checkliste

- ⃝ Bibeln
- ⃝ Papier
- ⃝ Stifte

Vorbereitung

Keine

Spielablauf

Die Kinder bilden Gruppen von drei bis fünf Spielern. Weisen Sie jeder Gruppe einen Bibelvers zu, der in letzter Zeit gelernt wurde.

Die Gruppen lesen ihre Verse durch und überlegen sich, wie sie den Vers umschreibend erklären können. Dabei dürfen sie keine Begriffe benutzen, die im Vers selbst enthalten sind.

Beispiel: Römer 6,23

- Unser Vers steht im Neuen Testament.
- Paulus hat ihn in einem Brief geschrieben.
- Er beschreibt die Folgen der Schuld.
- Der Sohn Gottes wird darin erwähnt.
- Er spricht von einem Geschenk.

Die Kinder einer Gruppe lesen abwechselnd ihre Umschreibungen vor. Die anderen Gruppen müssen raten, um welchen Vers es sich handelt.

Musikalischer Vers

Material-Checkliste

- ○ Musik-CD
- ○ CD-Player
- ○ Karten
- ○ Stifte
- ○ Kreppband

Vorbereitung

Schreiben Sie den Bibelvers auf sechs Karten, immer ein Wort bzw. Abschnitt pro Karte, und befestigen Sie ihn für die Kinder gut sichtbar an der Wand.

Spielablauf

Geben Sie jedem Kind sechs leere Karten und einen Stift. Die Spieler sollen nun den Bibelvers wie im »Muster« aufschreiben. Die Kinder kleben ihre Karten an die Wände (siehe Abb.).

Die Spieler bilden einen großen Kreis. Während die Musik spielt, gehen die Kinder im Uhrzeigersinn im Raum herum. Wenn die Musik angehalten wird, haben die Kinder drei Sekunden Zeit, durch den Raum zu laufen und irgendeine Verskarte zu berühren. Dann bleiben sie unbeweglich stehen. (Der Mitarbeiter kann langsam bis drei zählen und dann »Stopp!« rufen.) Wenn die Musik wieder spielt, sollen die Kinder die Verskarte abnehmen (jeder Spieler legt eine eigene Sammlung von Karten an) und wieder im Kreis herumgehen. Bewegt sich jemand, obwohl längst »Stopp!« gerufen wurde, muss er seine Karte wieder an die Wand hängen. Bei allen weiteren Stopps müssen die Kinder versuchen, eine Karte zu finden, die ihren Vers vervollständigt. Das Spiel ist vorbei, wenn ein Spieler alle Karten, die zum Vers gehören, gesammelt hat.

10-12 Jahre

Lernen und Wiederholen von Bibelversen

Rhythmischer Bibelvers

Material-Checkliste

Keins

Vorbereitung

Keine

Spielablauf

Wiederholen Sie einen gelernten Bibelvers, indem Sie ihn rhythmisch sprechen. Leiten Sie die Gruppe an, zum Beispiel einmal mit dem Fuß zu stampfen, einmal zu klatschen, einmal mit den Fingern zu schnipsen (erst mit der rechten, dann mit der linken Hand).

Sind die Kinder mit dem Rhythmus vertraut, kommen langsam die Wörter des Verses dazu. Sagen Sie auf jeden Schlag ein Wort. Der Rhythmus kann immer schneller werden oder die Gruppe währenddessen im Kreis gehen und jeder sagt ein Wort des Verses.

Variationen: Die Gruppe teilt sich in Teams auf, von denen jedes seinen eigenen Rhythmus erfindet (z.B. zweimal klatschen, einmal stampfen, mit beiden Händen schnipsen).

Die Teams üben ihren Rhythmus mit dem Bibelvers zusammen und tragen ihn den anderen vor.

Tic-Tac-Toe Verswiederholung

Material-Checkliste

O Bibel

O Kreppband

O Papier (DIN-A4)

O Filzstift

Vorbereitung

Markieren Sie ein »Tic-Tac-Toe-Feld« mit Kreppband auf dem Boden. Die Quadrate sollen groß genug sein, damit die Spieler darin stehen können. Schreiben Sie auf jedes Blatt eine der folgenden Fragen oder Aussagen:

- Sage den Vers aus dem Gedächtnis auf!
- Schlag den Vers nach!
- Was bedeutet der Vers?
- Wo in der Bibel steht der Vers?
- Nenne ein Beispiel, wie man den Vers umsetzen kann!
- Sage die erste Hälfte des Verses auf!
- Sage die zweite Hälfte des Verses auf!
- Von wem stammt der Vers?
- An wen hat sich der Vers gerichtet?

Kleben Sie die Fragen in die Felder.

Spielablauf

Teilen Sie die Gruppe in zwei Mannschaften. Die erste Mannschaft bestimmt einen Spieler, der in einem Quadrat stehen soll. Dieser Spieler führt die Anweisung aus, die in dem Feld steht. Wird sie richtig ausgeführt, bleibt der Spieler bis zum Ende der Runde in dem Quadrat stehen. Die Mannschaften wechseln sich nun ab, bis ein Team ein Tic-Tac-Toe geformt hat (drei Quadrate in einer Reihe).

Variation: Sie können auch ein Tic-Tac-Toe Feld auf ein Blatt Papier malen. Schreiben Sie die Aussagen bzw. Fragen an den oberen Rand der Quadrate. Kopieren Sie das Blatt für jeden Spieler. Die Kinder machen ihre Kreuze und Kreise mit Filzstiften in die Felder.

Lernen und Wiederholen von Bibelversen

Schreibwettbewerb

Material-Checkliste

- ⭘ Klebeband
- ⭘ Tafel und Kreide oder Tapetenrolle und Edding
- ⭘ Klebeband

Vorbereitung

Schreiben Sie die Bibelstelle eines gelernten Verses an die Tafel oder auf Tapetenrolle. Mit Klebeband markieren Sie auf dem Boden eine Startlinie, die ca. 4,50 m von der Tafel entfernt ist.

Spielablauf

Wiederholen Sie den Bibelvers mit der ganzen Gruppe mehrere Male. Fragen Sie: »Warum ist es gut, den Vers auswendig zu wissen?«, »In welcher Situation könnte dieser Vers euch eine Hilfe sein?« Teilen Sie die Gruppe in zwei Mannschaften ein. Die Teams stellen sich hinter der Startlinie auf. Die ersten Spieler erhalten ein Stück Kreide oder einen Edding. Bei »Los!« laufen sie zur Tafel (Tapetenrolle) und schreiben das erste Wort des Bibelverses an, danach rennen sie zurück und übergeben die Kreide (den Edding) an den nächsten Spieler, der nun zur Tafel läuft und das zweite Wort anschreibt. Wird ein Fehler gemacht, darf ein Spieler ihn korrigieren, aber kein weiteres Wort schreiben.

Das Spiel ist zu Ende, wenn eine Mannschaft den ganzen Vers angeschrieben hat und sich als Zeichen, dass sie fertig ist, auf den Boden setzt.

Um das Spiel zu erschweren, können die Spieler auch auf einem Bein hüpfen oder rückwärts zur Tafel laufen.

Lernen und Wiederholen von Bibelversen

Luftballon schlagen

Nr. 162

Material-Checkliste

○ Luftballons
○ Kreppband

Vorbereitung

Blasen Sie einige Luftballons auf. Markieren Sie eine Startlinie.

Spielablauf

Wiederholen Sie den Bibelvers mit den Kindern. Teilen Sie die Gruppe in zwei Mannschaften. Die Mannschaften stellen sich hinter der Startlinie auf. Ein Mitarbeiter steht gegenüber jeder Mannschaft und hält einen Ballon fest. Auf ein Signal hin laufen die ersten beiden Spieler zu ihrem Mitarbeiter und nehmen sich den Ballon. Dann schlagen sie den Ballon immer wieder in die Höhe und sagen bei jedem Schlag ein Wort des Verses. Anschließend geben sie den Ballon zurück und laufen zu ihrer Mannschaft. Die nächsten Spieler sind an der Reihe. Die Mannschaft, die als Erste fertig ist, hat gewonnen.

Nach dem Spiel sprechen Sie mit den Kindern darüber, warum es wichtig ist, diesen Vers auswendig zu können, und wie dieser Vers eine Veränderung im Leben bewirken kann.

Variation

Sie können die Spieler auch in Paaren oder Dreiergruppen nach vorne kommen lassen, um den Druck von langsameren Spielern zu nehmen.

Nr. 163 Wandball

Material-Checkliste

- ○ Bibel
- ○ Kreide
- ○ Ball (Handball)
- ○ Strohhalme
- ○ Scheren
- ○ Zollstock

Vorbereitung

Für dieses Spiel muss eine freie Wand zur Verfügung stehen. Mit Kreide grenzen Sie auf einer freien, asphaltierten Fläche ein Spielfeld von ca. 2,50 x 2,50 m ein, dessen eine Seite die Wand ist (siehe Abb.).

Schreiben Sie den Bibelvers auf die Wand, wie in der Zeichnung zu sehen. Schneiden Sie für jeden Spieler einen Strohhalm in unterschiedlicher Länge zurecht.

Spielablauf

Lesen Sie den Bibelvers mit der Gruppe und wiederholen Sie ihn mehrere Male. Jeder Spieler zieht einen Strohhalm. Der Spieler mit dem längsten Halm ist der »König« und darf anfangen. Die anderen Spieler stellen sich nach der Länge ihrer Strohhalme außerhalb des Feldes in der rechten unteren Ecke auf.

Der »König« beginnt das Spiel, indem er das erste Wort des Verses sagt und den Ball einmal so auf den Boden schlägt, dass er anschließend gegen die Wand hüpft. Der »König« läuft schnell zum Ende der Reihe. Der zweite Spieler übernimmt den Ball und lässt ihn einmal auf den Boden aufschlagen, sagt das zweite Wort des Verses, und schlägt den Ball wieder gegen die Wand. Der Ball sollte einmal auf den Boden kommen, bevor er gegen die Wand schlägt, und noch einmal auf den Boden, bevor er vom nächsten Spieler geschlagen wird.

Lässt ein Spieler den Ball mehrere Male aufschlagen, hüpft der Ball aus dem Spielfeld oder fällt ihm das Wort nicht ein, muss er sich am Ende der Reihe anstellen.

Der »König« beginnt dann wieder das Spiel, während die anderen Spieler ihre Positionen in der Reihe behalten.

Ziel des Spiels ist es, den Bibelvers bis zum Ende aufzusagen.

Ehre deinen Vater und deine Mutter, wie der Herr, dein Gott, es dir geboten hat. 5. Mose 5,16

2,50 m

2,50 m

Dreiradrennen

Material-Checkliste

- ○ Bibel
- ○ 2 Dreiräder
- ○ Tafel und Kreide
- ○ 2 Schwämme
- ○ bunte Kreide und Klebeband
- ○ Zollstock

Vorbereitung

Schreiben Sie die Wörter des Bibelverses zweimal an die Tafel, einmal an die rechte und einmal an die linke Seite. Legen Sie die Schwämme in die Ablage der Tafel.

Mit Kreide oder Klebeband markieren Sie eine Startlinie, die sich ca. 6 m von der Tafel entfernt befindet. Sie markieren ebenfalls mit Kreide zwei Parcours auf dem Boden (siehe Abb.).

Spielablauf

Lesen Sie den Bibelvers laut mit den Kindern und wiederholen Sie ihn mehrere Male. Teilen Sie die Gruppe in zwei gleiche Mannschaften, die sich hinter der Startlinie aufstellen. Der erste Spieler jedes Teams fährt mit dem Dreirad auf der aufgemalten Strecke zur Tafel und wischt ein Wort des Bibelverses weg. Danach fährt er zurück, während das Team den Vers aufsagt und dabei die Lücke ergänzt. Nun ist der zweite Spieler an der Reihe, wischt ein Wort weg und so weiter. Das Spiel wird fortgeführt, bis kein Wort mehr an der Tafel steht und die Mannschaft den Bibelvers auswendig aufsagen kann.

Lernen und Wiederholen von Bibelversen

Nr. 165

Hüpfkästchen-Wettkampf

Material-Checkliste

○ Bibel

○ 2 Stück Kreide

○ 2 Karten

○ Filzstift

Vorbereitung

Schreiben Sie den Bibelvers jeweils auf eine Karte. Malen Sie mit Kreide auf einem freien Platz zwei identische Hüpf-kästchen, wie in der Zeichnung zu sehen ist.

Legen Sie die Karten und die Kreide in die letzten Kästchen.

Spielablauf

Lesen Sie den Vers mit der Gruppe. Teilen Sie die Gruppe in zwei Mannschaften, die sich vor den Hüpfkästchen aufstellen. Der jeweils erste Spieler hüpft in die Kästchen, und zwar mit einem Fuß in die einzelnen Kästchen und mit beiden Füßen in die doppelten. Wenn er auf dem letzten Kästchen ankommt, stellt er sich auf ein Bein und nimmt die Kreide und die Karte auf. Er schreibt das erste Wort des Verses in den Kreis, legt Kreide und Karte zurück, hüpft zur Mannschaft zurück und schlägt den nächsten Spielen an, der nun loshüpft, das zweite Wort schreibt usw.

Das Team, das zuerst den ganzen Bibelvers in den Kreis geschrieben hat und wieder voll-ständig an der Startlinie steht, hat gewonnen.

Seilspringen

Material-Checkliste

○ Bibel

○ Tafel und Kreide
  oder Tonpapier und Filzstift

○ langes Springseil

Vorbereitung

Schreiben Sie den Bibelvers an die Tafel oder auf das Tonpapier, wie unten zu sehen.

Spielablauf

Lesen Sie den Vers laut mit den Kindern im Rhythmus (jede Zahl ist ein Schlag). Wiederholen Sie den Vers einige Male.

Wählen Sie zwei Helfer oder Spieler aus, die das Springseil schwingen. Die Springer stellen sich hinter einer Startlinie auf. Der erste Spieler versucht, in das schwingende Seil zu hüpfen. Wenn der erste Spieler am Springen ist, kommt der zweite hinzu. Die Spieler fahren damit fort, bis am Springseil kein Platz mehr ist (ungefähr sechs bis sieben Springer auf einmal). Dann sprechen die übrigen Spieler den Vers im Rhythmus der Springer. Das Spiel wird fortgesetzt, bis alle Spieler mit Hüpfen an der Reihe waren.

Variation

Um es leichter zu machen, können die Spieler auch einzeln springen.

Jeder Mensch sei
1   2   3
schnell zum Hören,
4   5
langsam zum Reden,
6   7
langsam zum Zorn.
8   9
Jakobus 1 Vers 19
10   11

Nr. 167

Verrückte Achter

Material-Checkliste

- Bibel
- 8 Kronkorken
- Kreide
- Zollstock

Vorbereitung

Malen Sie mit Kreide acht Quadrate auf eine asphaltierte Spielfläche. Die Quadrate sollten ca. 2,40 m voneinander entfernt sein. Schreiben Sie den Bibelvers in die Quadrate, und zwar immer einige Wörter pro Quadrat (siehe Abb.).

Nummerieren Sie diese mit den Zahlen 1-8.

Markieren Sie eine Startlinie und davor einen Kreis, der sich ungefähr 3 Meter vom ersten Quadrat entfernt befindet.

Spielablauf

Lesen Sie den Bibelvers laut mit der Gruppe und wiederholen Sie ihn mehrere Male.

Die Spieler reihen sich hinter der Startlinie auf und sprechen den Vers zusammen.

Der Mitarbeiter lässt nun über dem Kreis die Kronkorken fallen, und zwar so, dass nicht alle im Kreis landen. Die Kinder zählen schnell, wie viele Verschlüsse in den Kreis gefallen sind, und laufen zum dem Quadrat mit der entsprechenden Zahl. Der Spieler, der zuerst am Quadrat ankommt, darf darauf stehen bleiben, die anderen Spieler müssen zurück zur Startlinie.

Diese sagen nun gemeinsam den Bibelvers auf, lassen aber den Abschnitt aus, auf dem der Spieler steht, denn diese Worte werden von dem Spieler selbst gesagt. Das Spiel wird fortgeführt, bis jedes Quadrat besetzt ist und der Vers Abschnitt für Abschnitt aufgesagt werden kann.

Wenn beim Werfen der Verschlüsse eine Zahl wiederholt wird, kann man einen zweiten Spieler auf das Quadrat stellen. Der Mitarbeiter versucht aber, die Kronkorken so zu werfen, dass am Ende alle Quadrate besetzt sind.

dass wir
5

eine Liebe
2

1. Johannes 3,1
8

Kinder Gottes
6

uns der Vater
3

heißen sollen!
7

gegeben hat,
4

Seht, welch
1

Weintrauben-Spiel

Material-Checkliste

- Bibel
- Kreide und Tafel oder großer Bogen Papier und Filzstift
- Klebeband
- 3 oder 4 lila Luftballons
- eine ganze Weintraube mit Stiel

Vorbereitung

Schreiben Sie die Wörter des Bibelverses an die Tafel oder auf das Papier. Der Vers soll an einem gut sichtbaren Ort angebracht werden. Blasen Sie die Ballons auf.

Spielablauf

Lesen Sie den Vers laut mit den Kindern und wiederholen Sie ihn mehrere Male. Teilen Sie die Gruppe in Mannschaften von fünf oder sechs Spielern.

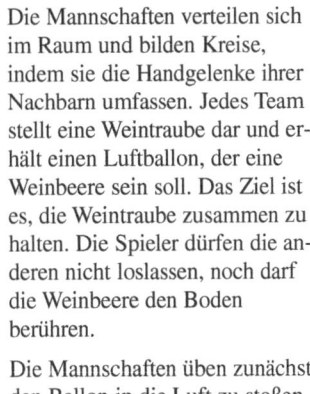

Die Mannschaften verteilen sich im Raum und bilden Kreise, indem sie die Handgelenke ihrer Nachbarn umfassen. Jedes Team stellt eine Weintraube dar und erhält einen Luftballon, der eine Weinbeere sein soll. Das Ziel ist es, die Weintraube zusammen zu halten. Die Spieler dürfen die anderen nicht loslassen, noch darf die Weinbeere den Boden berühren.

Die Mannschaften üben zunächst, den Ballon in die Luft zu stoßen und dabei immer die Handgelenke der anderen fest zu halten. Danach wird das Spiel begonnen. Ein Spieler wirft den Ballon in die Luft und sagt das erste Wort des Bibelverses. Derjenige, der dem Ballon am nächsten ist, stößt ihn wieder in die Luft und sagt das zweite Wort etc. Die Spieler dürfen mit jedem Körperteil den Ballon in die Luft stoßen, müssen sich aber immer an den Handgelenken halten. Wenn der Ballon zwischen zwei Personen landet und ihn beide in die Luft bringen, müssen beide gemeinsam das nächste Wort sagen.

Konnte der Vers zu Ende aufgesagt werden, können die Spieler von vorne anfangen. Fällt der Luftballon einmal auf den Boden oder die Spieler lassen sich los, fängt die Mannschaft von Neuem an. Die Teams zählen, wie viele Male sie den Vers vollenden konnten.

(Verdecken Sie nach jeder Runde ein paar Wörter oder wischen Sie diese weg, damit das Spiel immer schwieriger wird.)

**Nr.
169**

Farben suchen

Material-Checkliste

- ○ Bibel
- ○ 4 Blätter Tonpapier in rot, blau, gelb und grün
- ○ 4 Stücke Transparentpapier in rot, blau, gelb und grün
- ○ 4 Gummibänder
- ○ Schere
- ○ Filzstift
- ○ 4 Taschenlampen
- ○ Tafel und Kreide oder großer Bogen Papier

Vorbereitung

Schreiben Sie den Bibelvers an die Tafel oder auf den Bogen Papier. Die Transparentpapiere werden mit den Gummibändern über den Taschenlampen befestigt (siehe Abb.). Schneiden Sie aus den farbigen Tonpapieren jeweils acht gleich große Teile. Schreiben Sie pro Farbe etwa zwei Wörter des Bibelverses auf ein Teil. Jede Farbe ergibt ein Set.

Verstecken Sie die Teile des Verses, so dass sie ziemlich einfach zu finden sind, zum Beispiel unter Tischen, Stühlen, in Ecken, auf einem Regal usw., und verdunkeln Sie den Raum.

Spielablauf

Wiederholen Sie den Bibelvers laut mit den Kindern. Teilen Sie die Gruppe in vier Teams mit den Farben rot, gelb, grün und blau ein und geben Sie jeder Mannschaft die dazu gehörende Taschenlampe. Machen Sie das Licht aus und die Mannschaften suchen mit den Taschenlampen nach den Versstücken ihrer Farbe.

Die Mannschaftsmitglieder sollen abwechselnd die Taschenlampe halten. Hat ein Team alle Teile seines Verses gefunden, versucht es gemeinsam, den Vers in die richtige Reihenfolge zu bringen. Das Spiel ist zu Ende, wenn der Mitarbeiter das Licht anschaltet.

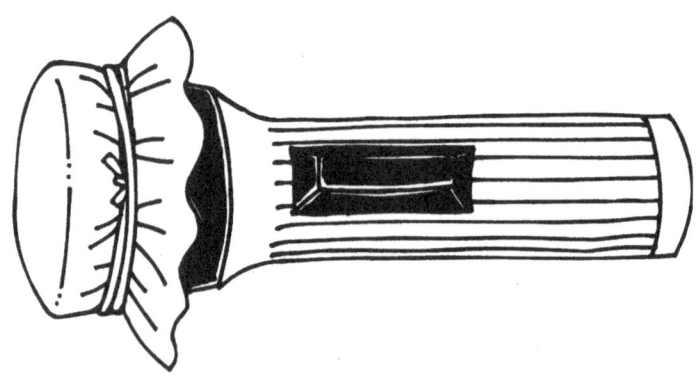

Zeig es mir!

Material-Checkliste

○ Bibel

○ Tafel und Kreide oder Tonpapier und Filzstift

Vorbereitung

Schreiben Sie den Bibelvers an die Tafel oder auf das Tonpapier.

Spielablauf

Lesen Sie den Vers laut mit den Kindern. Teilen Sie die Gruppe in Teams von vier oder fünf Kindern ein. Diese gehen in verschiedene Ecken des Raumes und denken sich Bewegungen zu dem Vers aus. Danach stellt jedes Team seine Version vor. Ermutigen Sie die Kinder, eine eigene Vortragsart zu entwickeln (gemeinsam sprechen, jedes Wort wird von einem Kind gesagt, in einer Reihe stehend usw.).

Dient dem Herrn mit eurem ganzen Herzen!
1. Samuel 12,20

Nr. 171

Bauernhof-Duell

Material-Checkliste

- ○ Bibel
- ○ Tafel und Kreide oder Tonpapier und Filzstift
- ○ 2 Spielglocken
- ○ Papier und Stift
- ○ kleiner Tisch
- ○ ein Stuhl für jedes Kind
- ○ 2 »Bauernhüte« (Strohhüte)

Vorbereitung

Schreiben Sie die Wörter des Bibelverses an die Tafel oder auf das Tonpapier. Stellen Sie die Stühle in zwei Reihen einander gegenüber und den Tisch an den Anfang der beiden Reihen. Die Glocken werden auf den Tisch gestellt (siehe Abb.).

Schreiben Sie einige Situationen auf ein Blatt, in der sich jemand bemüht, freundlich zu sein (oder etwas anderes, das sich auf den Vers bezieht).

Zum Beispiel:

- Dein Freund hat gerade etwas gewonnen. Du ...

- Deine kleine Schwester ist gefallen und hat sich ihr Knie aufgeschrammt. Du ...

- Jeder lacht das Kind aus, das vor dir im Bus sitzt, weil es einen Zettel auf den Rücken geklebt bekam. Du ...

Für je zwei Spieler eine Situation notieren.

Spielablauf

Lesen Sie den Bibelvers mehrere Male laut mit den Kindern. Teilen Sie die Gruppe in zwei Mannschaften, die sich auf den Stühlen gegenübersitzen. Der erste Spieler jeder Mannschaft zieht den Bauernhut auf und stellt sich mit den Händen auf dem Rücken zur Spielglocke (siehe Abb.).

Der Mitarbeiter liest einen der Sätze vor. Der Spieler, der als Erster auf die Glocke schlägt, darf den Satz weiterführen und beschreibt, wie man in dieser Situation freundlich sein kann. Derjenige, der geantwortet hat, gewinnt die Runde und sein Team muss versuchen, den Bibelvers aufzusagen. Der erste Spieler sagt das erste Wort, gibt den Hut an den zweiten Spieler weiter, der ihn aufsetzt und das zweite Wort sagt usw.

Kann das Team den Vers ohne Fehler aufsagen, bekommt es einen Punkt. Danach stellen sich die zweiten Spieler zur nächsten Runde auf.

Lernen und Wiederholen von Bibelversen

Schriftrolle im Krug

Material-Checkliste

- ○ Bibel
- ○ Packpapier
- ○ Schere
- ○ Kordel
- ○ Filzstift
- ○ 2 große Tontöpfe (Krüge)
- ○ 2 Säckchen, mit Bohnen gefüllt
- ○ 2 Rollen Kreppband

Vorbereitung

Schreiben Sie den Bibelvers auf einen halben Bogen Packpapier und hängen ihn gut sichtbar auf. Fertigen Sie aus dem restlichen Packpapier so viele Rechtecke an, wie der Bibelvers Wörter hat, und schreiben Sie diese einzeln auf. Rollen Sie die Stücke ein und binden Sie sie mit einer Kordel zu. Stellen Sie ein zweites Set her und legen Sie jeweils eines in die Krüge.

Spielablauf

Lesen Sie den Vers laut mit der Gruppe. Teilen Sie die Gruppe in zwei Mannschaften. Jede Mannschaft erhält eine Rolle Kreppband. Die Teams stellen sich zwei bis vier Meter von den Töpfen entfernt auf. Die ersten Spieler werfen ihr Säckchen in ihren Krug (jeder Spieler darf so lange werfen, bis er getroffen hat). Wer getroffen hat, rennt hin, nimmt eine Schriftrolle und das Säckchen heraus und läuft zurück zum Team. Das Säckchen wird an den Nächsten übergeben, der wieder versucht, den Krug zu treffen.

Wurden alle Schriftrollen aus dem Krug geholt, versucht jedes Team, die Wörter in der richtigen Reihenfolge aneinander zu kleben und den Vers gemeinsam aufzusagen.

Lernen und Wiederholen von Bibelversen

Sprechende Tiere

Material-Checkliste

- ○ Bibel
- ○ große Blätter Tonpapier
- ○ Filzstifte
- ○ Scheren
- ○ Tüten
- ○ Klebeband

Vorbereitung

Schreiben Sie den Bibelvers auf das Tonpapier und hängen Sie ihn gut sichtbar im Raum auf.

Spielablauf

Sprechen Sie den Bibelvers laut mit den Kindern. Teilen Sie die Gruppe in Paare ein, jedes Paar arbeitet zusammen. Jedes Paar soll ein großes Tier auf Tonpapier malen, ausschneiden und den Bibelvers hineinschreiben (siehe Abb.). Halten Sie Vorlagen von Tieren bereit, an denen sich die Kinder orientieren können.

Die Kinder schneiden ihr Tier in ungefähr 12 Puzzleteile und legen diese in eine Tüte. Die Paare tauschen die Tüten untereinander aus und puzzlen anschließend das erhaltene Tier wieder zusammen. Dabei prägt sich der Vers ein.

Zum Schluss können Sie mit den Kindern über die wichtigen Wahrheiten in diesem Bibelvers sprechen.

Erkennt, dass der Herr Gott ist! Er hat uns gemacht und nicht wir selbst. Psalm 100,3

Bibelvers-Ball

Material-Checkliste

○ Bibel

○ Tafel und Kreide oder Tonpapier und Filzstift

○ Klebeband

○ 2 Basketbälle oder Gummibälle

○ großes Spielfeld

Vorbereitung

Schreiben Sie die Wörter des Bibelverses an die Tafel oder auf das Tonpapier und hängen Sie es gut sichtbar auf.

Spielablauf

Lesen Sie den Vers laut mit der Gruppe und wiederholen Sie ihn mehrere Male. Teilen Sie die Gruppe in zwei Mannschaften. Jede Mannschaft bildet zwei Reihen, die sich im Abstand von ungefähr 2,50 m einander gegenüberstehen (siehe Abb.). Die Teams üben nun, den Ball zwischen den Reihen hin und her zu spielen. Sie schlagen dabei den Ball einmal auf den Boden auf (siehe Abb.).

Beim Startzeichen beginnen die Mannschaften, sich den Ball zuzuspielen und bei jedem Aufprall ein Wort des Verses zu sagen. Gewonnen hat das Team, das den Vers als Erstes vollständig aufgesagt hat. Hängen Sie das Tonpapier mit dem Vers ab oder wischen Sie ihn von der Tafel. Spielen Sie das Spiel danach mehrere Male.

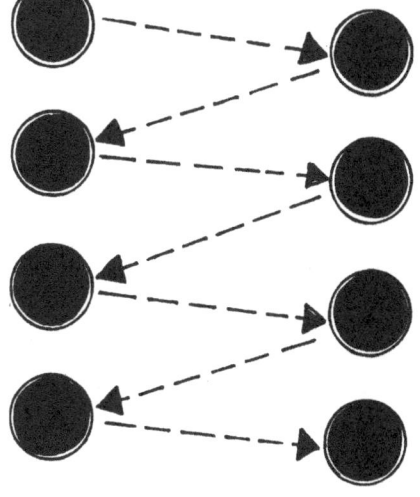

Mannschaft 1   Mannschaft 2

Aus der Grube befreit

Material-Checkliste

- ○ Bibel
- ○ 3 große Bögen Tonpapier
- ○ Filzstift
- ○ farbiges Papier
- ○ Schere
- ○ Kreppband

Vorbereitung

Schreiben Sie den Bibelvers auf einen Bogen Tonpapier. Auf die anderen beiden Bögen malen Sie eine Grube. An einem Rand der Grube zeichnen Sie eine Skala, einen Strich pro Mannschaftsmitglied. Schneiden Sie aus dem farbigen Papier zwei kleine Männchen aus, denen Sie ein Stück Kreppband auf den Rücken kleben und die Sie an den Boden jeder Grube setzen. Die drei Bögen werden im Gruppenraum angebracht.

Spielablauf

Lesen Sie den Bibelvers laut mit den Kindern. Ein Mitarbeiter steht bei jeder »Grube«. Teilen Sie die Gruppe in zwei gleich große Mannschaften. Jede Mannschaft stellt sich gegenüber ihrer »Grube« auf. Auf ein Signal hin laufen die ersten beiden Spieler zu ihrer Grube. Sie sagen dem Mitarbeiter den Bibelvers auf. Danach bewegt der Mitarbeiter das Männchen zum ersten Strich in der Grube. Die Spieler laufen zurück und die Nächsten sind an der Reihe. Fahren Sie mit dem Spiel fort, bis alle Spieler an der Reihe waren und die Männchen aus der Grube befreit werden konnten.

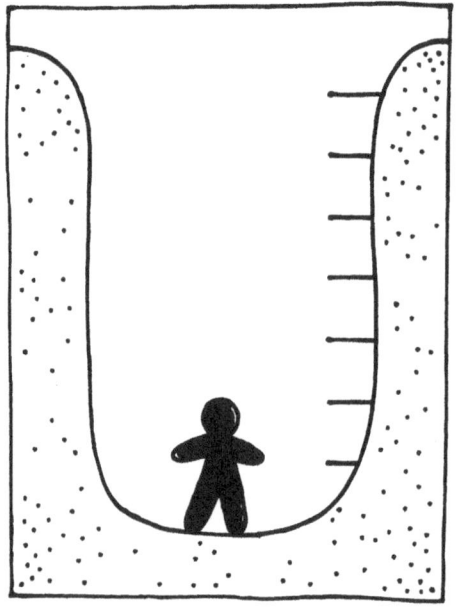
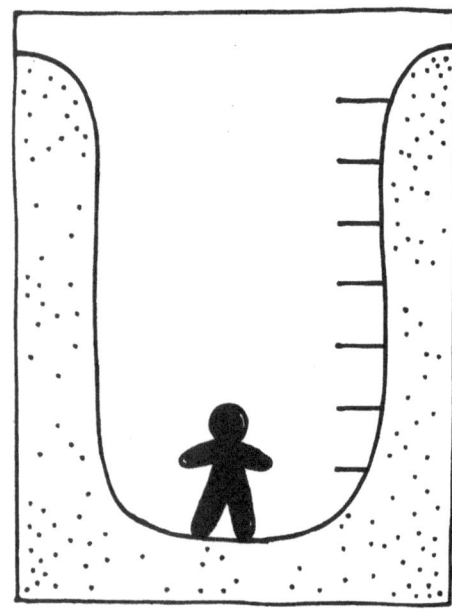

Wörter auf Steinen

Material-Checkliste

○ Bibel
○ Steine
○ Edding
○ Stoppuhr

Vorbereitung

Schreiben Sie die Wörter des Bibelverses auf Steine. Legen Sie die Steine in der richtigen Reihenfolge auf den Boden oder Tisch.

Spielablauf

Die Kinder lesen den Vers einige Male laut. Teilen Sie dann die Gruppe in zwei Mannschaften ein. Das erste Team versteckt die Steine im Raum oder im Freien. Stoppen Sie die Zeit des zweiten Teams, wie lange es braucht, um alle Steine zu finden.

Wiederholen Sie das Ganze, nun versteckt Team 2 die Steine.

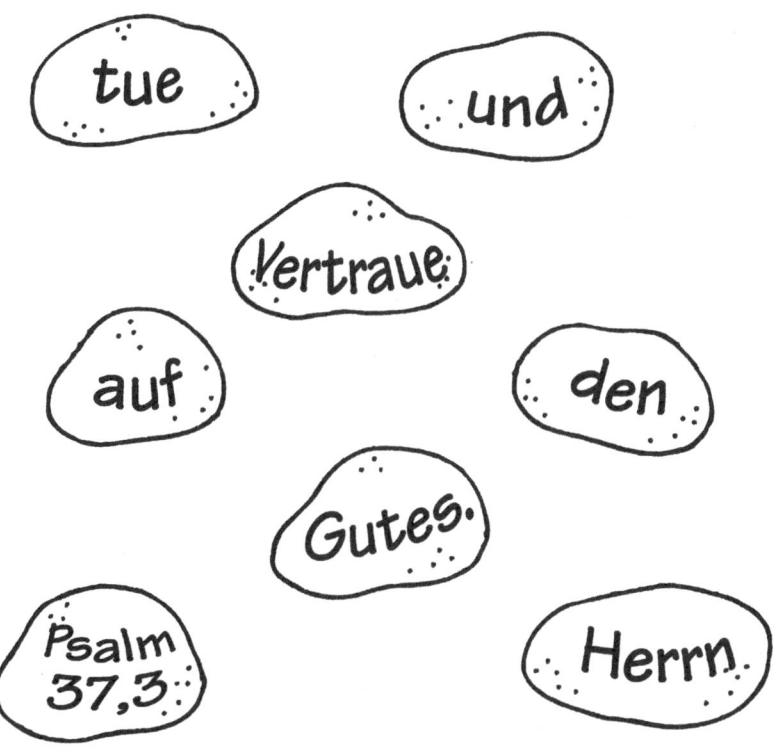

10-12 Jahre

Lernen und Wiederholen von Bibelversen

Nr. 177

Rhythmischer Vers

Material-Checkliste

○ Bibel

○ 1 Bogen Tonpapier

○ Filzstift

○ einige Rhythmus-Instrumente

○ Klebeband

○ Kasten mit Bibelvers für jede Gruppe

Vorbereitung

Schreiben Sie den Vers auf das Tonpapier und hängen Sie ihn gut sichtbar auf.

Spielablauf

Lesen Sie den Vers laut mit den Kindern. Teilen Sie die Gruppe in Teams von drei bis fünf Kindern und geben die Rhythmus-Instrumente und die Bibelvers-karten aus. Die Teams setzen sich in verschiedene Räume oder im selben Raum so weit wie möglich auseinander.

Jedes Team versucht nun, einen Rhythmus für den Vers zu finden. Mit Hilfe der Instrumente können einzelne Wörter betont oder eine Begleitung zum Vers geschaffen werden.

Die Teams tragen dann ihre Versionen der gesamten Gruppe vor.

10-12 Jahre

Lernen und Wiederholen von Bibelversen

Wandgemälde

Nr. 178

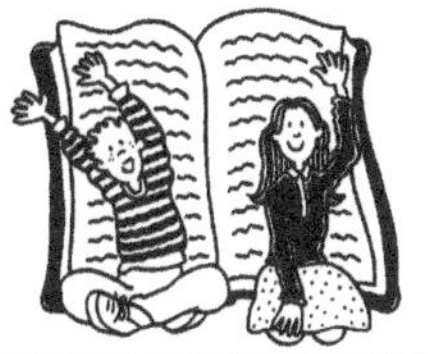

Material-Checkliste

- ❍ Bibeln
- ❍ langer Bogen Tonpapier
- ❍ Filzstifte
- ❍ Klebeband

Vorbereitung

Schreiben Sie die Wörter des Bibelverses auf den oberen Teil des Tonpapiers in mehrere Spalten (siehe Abb.).

Schneiden Sie die Spalten auseinander.

Befestigen Sie die Spalten an der Wand oder legen Sie sie auf den Boden bzw. auf einen Tisch.

Für eine große Gruppe fertigen Sie am besten zwei Vorlagen an.

Spielablauf

Lesen Sie den Vers laut mit den Kindern. Teilen Sie die Gruppe in zweier Teams ein.

Jedes Team bekommt einen Teil des Verses und malt dazu ein Wandgemälde. Sind die Teams fertig, darf jedes seine Zeichnungen erklären.

Wiederholen Sie den Vers einige Male.

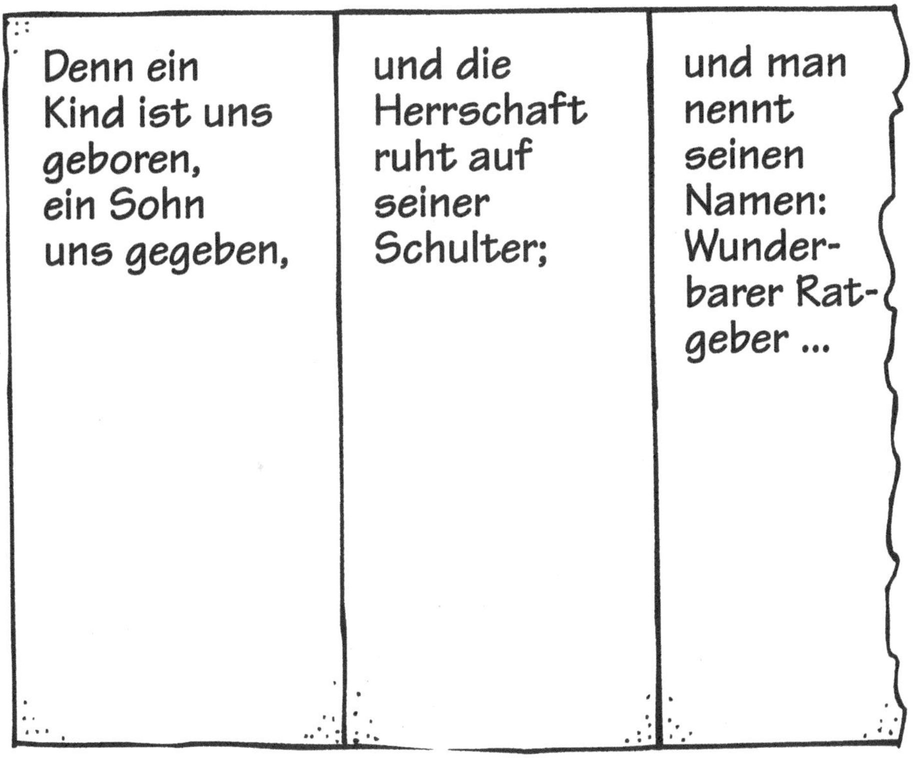

Denn ein Kind ist uns geboren, ein Sohn uns gegeben,
und die Herrschaft ruht auf seiner Schulter;
und man nennt seinen Namen: Wunder-barer Rat-geber ...

10-12 Jahre

Lernen und Wiederholen von Bibelversen

Nr. 179

Vers-Rhythmus-Spiel

Material-Checkliste

- ⭕ Bibel
- ⭕ Filzstift
- ⭕ ein Bogen Tonpapier
- ⭕ Klebeband

Vorbereitung

Schreiben Sie den Bibelvers auf das Tonpapier, hängen Sie ihn an die Wand.

Spielablauf

Die Kinder sitzen in einem Kreis. Helfen Sie der Gruppe, sich einen Rhythmus auszudenken, bei dem die Kinder zum Beispiel zweimal auf die Oberschenkel schlagen, einmal klatschen und einmal mit den Fingern schnipsen (oder: klatschen, schnipsen, klatschen, schnipsen). Jedesmal, wenn »geschnipst« wird, sagen alle ein Wort des Verses.

Sind die Kinder mit dem Vers vertraut, sagen sie nacheinander die Wörter des Verses, während die Gruppe weiter den Rhythmus vorgibt.

Wenn eine Gruppe den Vers im Rhythmus gut aufsagen kann, kann sie einen weiteren Rhythmus gestalten oder den Vers schneller aufsagen.

glauben

Lernen und Wiederholen von Bibelversen

Schreiben im Sand

Material-Checkliste

- ⃝ Bibel
- ⃝ Karten
- ⃝ Filzstift
- ⃝ feuchter Sand
- ⃝ 2 Backbleche
- ⃝ 2 Bleistifte
- ⃝ Zeitungen

Vorbereitung

Schreiben Sie die einzelnen Wörter des Bibelverses auf Karten. Erstellen Sie davon 2 Sets. Ordnen Sie jedes Set in der Reihenfolge des Verses auf einem Stapel. Die Backbleche werden mit feuchtem Sand gefüllt (festklopfen) und auf Zeitungspapier auf den Boden gestellt.

Spielablauf

Wiederholen Sie den gelernten Vers einige Male mit den Kindern. Teilen Sie die Gruppe in zwei Mannschaften. Jede Mannschaft stellt sich bei einem Backblech auf.

Auf ein Signal hin laufen die ersten Spieler zu ihrem Stapel, nehmen sich die oberste Karte, laufen zurück zum Backblech und schreiben mit einem Stift das Wort von der Karte in den Sand. Die übrige Mannschaft wiederholt das Wort laut, danach wischt der Spieler es wieder weg. Nun laufen nach und nach die Spieler zum Stapel, holen eine Karte und schreiben die Wörter in den Sand.

Das Team, das als Erstes fertig ist und den ganzen Vers aufgesagt hat, hat gewonnen.

← Backblech mit Sand gefüllt

Karten-stapel

10-12 Jahre

Lernen und Wiederholen von Bibelversen

Nr. 181

Gewürfelter Vers

Material-Checkliste

- ○ Bibel
- ○ DIN-A5 Blätter
- ○ Filzstifte
- ○ 2 Würfel
- ○ kleine Belohnung für jedes Kind

Vorbereitung

Schreiben Sie den Bibelvers auf die Blätter und nummerieren Sie ihn so, wie in der Zeichnung zu sehen ist. Legen Sie den Vers in der richtigen Reihenfolge auf den Boden.

Spielablauf

Die Kinder versammeln sich um den Vers und lesen ihn mehrere Male laut vor. Teilen Sie die Gruppe in zwei Mannschaften. Ein Freiwilliger einer Mannschaft würfelt mit einem oder beiden Würfeln, dreht das Blatt mit der entsprechenden Zahl um und sucht eine Person aus der gegnerischen Mannschaft aus, die den Vers aufsagen und dabei das fehlende Wort aus dem Gedächtnis ergänzen muss. Wenn der Spieler den Vers richtig aufsagt, bekommt sein Team 10 Punkte. Nun darf dieser Spieler würfeln und ein zweites Blatt umdrehen. Würfelt er eine Zahl, die schon an der Reihe war, darf er sich irgendein anderes Blatt aussuchen.

Spielen Sie so lange, bis der ganze Vers umgedreht wurde und die Kinder ihn aus dem Gedächtnis aufsagen können.

Geben Sie jedem Spieler eine Belohnung, dessen Team 50 oder mehr Punkte erzielen konnte.

1 Und wenn	**2** ich hin- gehe	**3** und euch
4 eine Stätte bereite,	**5** so komme	**6** ich wieder
7 und werde euch	**8** zu mir nehmen,	**9** damit auch
10 ihr seid,	**11** wo ich bin.	**12** Johannes 14,3

Lernen und Wiederholen von Bibelversen

Ohne Worte

Material-Checkliste

O Bibel

O Tafel und Kreide oder großes Blatt Papier und Filzstift

Vorbereitung

Schreiben Sie den Bibelvers in drei Reihen an die Tafel oder auf das Blatt Papier.

Beispiel:
Jeder, der den Namen
des Herrn anrufen wird,
wird errettet werden.

Spielablauf

Sagen Sie den Vers mit den Kindern laut auf. Nach einigen Wiederholungen sollen Gesten vorgeschlagen werden, die an Stelle der Wörter eingesetzt werden (Beispiel: »jeder« - die Arme weit ausstrecken; »anrufen« - Telefongeste bzw. gefaltete Hände).

Wiederholen Sie den Vers, lassen Sie aber das letzte Wort weg und ersetzen Sie es durch die entsprechende Bewegung. Bei jeder Wiederholung lassen Sie ein weiteres Wort aus, das dann durch eine Geste ersetzt wird.

Am Schluss »sagt« die Gruppe den Vers ohne Worte auf.

10-12 Jahre

Lernen und Wiederholen von Bibelversen

Nr. 183

Umwandelbarer Bibelvers

Material-Checkliste

- ○ Bibel
- ○ lange Papierstreifen (3 cm hoch)
- ○ Filzstift
- ○ Schere

Vorbereitung

Schreiben Sie den Bibelvers auf die Papierstreifen, so dass die Buchstaben jeweils die Ränder berühren. Schneiden Sie den Papierstreifen waagerecht auseinander, so dass die Buchstaben halbiert sind. Anschließend schneiden Sie diese senkrecht auseinander, so dass verschieden lange Stücke entstehen (siehe Abb.).

Legen Sie alle Stücke umgedreht auf einen Stapel.

Spielablauf

Erklären Sie, dass die Stücke entweder die obere oder die untere Hälfte von Wörtern enthalten, die im Bibelvers vorkommen. Ein Spieler nimmt das erste Stück vom Stapel und legt es in der richtigen Richtung vor sich hin. Der Nächste nimmt sich wieder ein Stück und schaut, ob er es mit dem vorherigen Stück in Verbindung bringen kann. Passt es nicht, legt er es daneben. Passt es, bekommt er 10 Punkte.

Die Spieler wechseln sich ab und immer mehr Stücke werden nebeneinander gelegt. Dabei wächst die Wahrscheinlichkeit, dass einige Stücke sofort passen. Wurde ein Stück falsch angelegt, bekommt der Spieler, der es wieder richtig legen kann, 10 Punkte. Zum Schluss wird der Vers gemeinsam laut vorgelesen.

NEHMT EINANDER AUF, WIE AUCH DER CHRISTUS

EUCH AUFGENOMMEN HAT, ZU GOTTES HERRLICHKEIT!

Symbolischer Vers

Material-Checkliste

- ○ Bibel
- ○ Tafel und Kreide oder Tonpapier und Filzstift
- ○ Klebeband
- ○ Malpapier
- ○ Bleistifte

Vorbereitung

Schreiben Sie den Bibelvers an die Tafel oder auf das Tonpapier. Malen Sie in die Wörter verschiedene Symbole an Stelle der Buchstaben (siehe Abb.).

Spielablauf

Geben Sie jeweils zwei Kindern ein Blatt Papier und einen Bleistift. Teilen Sie den Kindern ein oder zwei Wörter des Bibelverses zu. Als Erklärung und Anregung zeigen Sie ihr gemaltes Beispiel. Erklären Sie, dass die Symbole eine Hilfe sind, um sich das Wort zu behalten.

Die Aufgabe der Kinder ist es nun, sich ergänzende Symbole für den zu lernenden Bibelvers auszudenken. Anschließend werden die Ergebnisse vorgestellt und der Vers gemeinsam gelesen.

Nr. 185

Versteckte Botschaft

Material-Checkliste

○ Tonpapier

○ kleine Karten

○ Filzstift

○ Schere

○ Stift

Vorbereitung

Schreiben Sie den Bibelvers auf das Tonpapier. Schneiden Sie den Vers in Puzzleteile entsprechend der Anzahl der Kinder (siehe Abb.). Verstecken Sie die Puzzleteile im Raum. Schreiben Sie auf die Karten einen Hinweis, wo das versteckte Puzzleteil zu finden ist.

Spielablauf

Sind alle Kinder beisammen, geben Sie jedem eine Karte mit einem Hinweis. Erklären Sie: *»Hier im Raum befindet sich eine geheime Botschaft. Um sie zu entdecken, müsst ihr den Hinweis auf eurer Karte beachten, um euer Puzzleteil zu finden. Hat jeder sein Puzzleteil gefunden, werden wir die Nachricht zusammen entschlüsseln.«*

Nach dem Zusammensetzen des Bibelverses lesen die Kinder ihn gemeinsam.

Hierin ist die Liebe Gottes zu uns geoffenbart worden, dass Gott seinen eingeborenen Sohn in die Welt gesandt hat, damit wir durch ihn leben möchten.

1. Johannes 4,9

Bibelvers-Orchester

Material-Checkliste

○ Tafel und Kreide

Vorbereitung

Schreiben Sie die Wörter des Bibelverses an die Tafel.

Spielablauf

Wiederholen Sie den Bibelvers einige Male mit der Gruppe und teilen Sie diese danach in zwei Mannschaften ein. Eine Mannschaft wird den Bibelvers in Abschnitten aufsagen und das andere Team wird diese durch passende Bewegungen darstellen. Erklären Sie das Prinzip mit dem abgedruckten Beispiel.

A: Wenn ich in den Sprachen der Menschen und der Engel rede,

B: (Hände zu einem Mund formen) »Bla, bla, bla!«

A: aber keine Liebe habe,

B: (Kopf hängen lassen und verneinend schütteln) »Keine Liebe«

A: so bin ich ein tönendes Erz geworden

B: (so tun, als ob ein Gong geschlagen würde) »Bong! Bong!«

A: oder eine schallende Zimbel.

B: (so tun, als würden Schellen aneinander geschlagen) »Kling! Kling!«

Nr. 187 Schnelle Zitate

Material-Checkliste

- ○ Bibel
- ○ kleine Karten
- ○ Filzstifte
- ○ Tafel und Kreide oder Tapetenrolle
- ○ Wörterbuch

Vorbereitung

Schreiben Sie den Bibelvers an die Tafel oder auf die Tapetenrolle.

Spielablauf

Teilen Sie die Gruppe in Paare auf. Geben Sie jedem Paar Karten und einen Filzstift. Die Kinder schreiben die Wörter des Verses auf die Karten, und zwar jeweils zwei Wörter. Die Bibelstelle wird auf die letzte Karte geschrieben.

Die Paare versuchen, sich den Bibelvers einzuprägen. Wischen Sie anschließend den Vers von der Tafel. Die Paare sollen ihre Karten mischen. Wenn der Leiter »Los!« sagt, versuchen sie, den Vers wieder in die richtige Reihenfolge zu bringen. Wenn genügend Zeit ist, nehmen Sie von jedem Set ein paar Karten weg und bitten Sie die Kinder, die restlichen Karten wieder zu ordnen.

Sprechen Sie mit den Kindern über die Bedeutung des Verses für uns.

Weitergeben mit Wäscheklammern

Material-Checkliste

○ Wäscheklammern
  (für jedes Kind eine)

○ Zettel

Vorbereitung

Schreiben Sie die Wörter des Bibelverses auf Zettel, jeweils zwei oder vier Wörter. Erstellen Sie ein Set für jedes Team von vier oder fünf Kindern.

Spielablauf

Teilen Sie die Gruppe in Mannschaften von vier oder fünf Kindern ein. Geben Sie jedem Spieler eine Wäscheklammer. Die Mannschaften stellen sich in eine Reihe, dabei stehen sie eine Armlänge voneinander entfernt.

Vor den ersten Spieler jeder Mannschaft wird ein unsortiertes Zettelset gelegt. Auf »Los!« hebt der erste Spieler einen Zettel mit der Wäscheklammer auf, gibt ihn an den zweiten Spieler weiter, der ihn mit der Wäscheklammer entgegennimmt und an den Nächsten weitergibt.

Wenn der letzte Spieler den Zettel bekommt, legt er ihn auf den Boden, läuft an den Anfang der Reihe, nimmt einen neuen vom Stapel und gibt ihn durch die Reihe. Sind alle Zettel durchgegeben, werden sie in die richtige Reihenfolge gelegt und der Vers wird von dem Team laut vorgelesen.

Lernen und Wiederholen von Bibelversen

Nr. 189

Wollknäuel werfen

Material-Checkliste

○ großes Wollknäuel

○ Tafel und Kreide

Vorbereitung

Schreiben Sie den Bibelvers an die Tafel.

Spielablauf

Die Kinder sitzen in einem Stuhlkreis oder auf dem Boden. Lesen Sie den Bibelvers einige Male mit der Gruppe. Geben Sie einem Kind das Wollknäuel in die Hand. Mit der einen Hand soll es das Wollknäuel halten, mit der anderen das lose Ende des Fadens. Nun sagt der Spieler das erste Wort des Verses und wirft das Knäuel weiter, während er das Ende fest hält. Derjenige, der das Knäuel auffängt, hält mit der einen Hand den Faden fest, wirft die Wolle weiter und sagt das zweite Wort des Verses. Das Wollknäuel wird so lange hin und her geworfen, bis der Vers einige Male aufgesagt wurde. Am Ende kann das Wollknäuel den rückwärtigen Weg nehmen. Dabei wird die Wolle wieder aufgewickelt.

Moderne Kunst

Material-Checkliste

- ◯ 2 große Bögen Papier und Filzstifte oder Tafel und Kreide
- ◯ Papier und Stift
- ◯ Klebeband

Vorbereitung

Befestigen Sie die Papierbögen im Gruppenraum. Notieren Sie sich 10 Anwendungsfragen zum Inhalt der Stunde.

Beispiel: *»Wie kann ich meine Mutter ehren?«*

Spielablauf

Teilen Sie die Gruppe in zwei Mannschaften ein. Die Mannschaften wählen jeweils einen »Maler« aus. Der Mitarbeiter liest eine Anwendungsfrage vor. Die »Maler« schreiben ihre Antwort auf ein Blatt Papier und zeigen sie dem Mitarbeiter.

Auf ein Signal hin beginnen die Maler ihre Antwort zu zeichnen. Dabei dürfen sie keine Buchstaben verwenden. Die Mannschaften müssen anschließend die Antwort erraten. Das Team, das als Erstes richtig rät, bekommt einen Punkt und zwei neue Maler sind an der Reihe. Wenn jeder Spieler seine Antwort gemalt hat, gewinnt das Team mit den meisten Punkten.

Nr. 191 Plakat-Wettbewerb

Material-Checkliste

- ⭕ große Bögen Tonpapier
- ⭕ Filzstifte

Vorbereitung

Keine

Spielablauf

Teilen Sie die Gruppe in Teams von drei bis vier Kindern ein. Jedes Team erhält einen Bogen Tonpapier und einige Filzstifte. Nun gestalten die Teams ein Plakat mit einem Slogan, der die Botschaft der Stunde wiedergibt (siehe Abb.).

Setzen Sie der Gruppe ein Zeitlimit, in dem sie fertig sein muss. Jedes Team präsentiert dann sein Plakat, das von allen mit Applaus belohnt wird. Welches am lautesten beklatscht wird, ist Sieger des Wettbewerbes.

Befestigen Sie die Plakate im Gemeindehaus so, dass sie von den Erwachsenen gesehen werden können.

Gemischte Früchte

Material-Checkliste

- ○ Tonpapier
- ○ Filzstift
- ○ ein Zettel pro Kind
- ○ Stifte
- ○ Klebeband

Vorbereitung

Schreiben Sie die Früchte des Geistes auf das Tonpapier und befestigen Sie es an der Wand.

Spielablauf

Wiederholen Sie mit den Kindern jede Frucht des Geistes. Jedes Kind schreibt auf einen Zettel eine Frucht des Geistes, ohne dass die anderen sehen können, was geschrieben wird. Erklären Sie: »*Für dieses Spiel, müsst ihr überlegen, wie ihr die Früchte des Geistes pantomimisch darstellen könnt. Überlegt euch, wie man zum Beispiel einer anderen Person Liebe zeigen kann? Wie kann man sehen, dass jemand Freude oder Friede im Herzen hat? Wann kann man Geduld oder Freundlichkeit zeigen?*«

Die Kinder sollen einige Antworten vorschlagen. Bei »Liebe« kann der Spieler seine Hand auf sein Herz legen, bei »Freundlichkeit« klopft er dem vorbeikommenden Kind auf die Schulter. Auf ein Signal hin verteilen sich die Kinder im Raum. Jedes spielt seine Frucht des Geistes pantomimisch und versucht so, andere Spieler mit derselben Frucht zu finden. Zwei Spieler mit derselben Frucht bleiben zusammen und spielen ihr Wort gemeinsam, bis sie den Rest ihrer Gruppe finden. Das Spiel ist zu Ende, wenn sich alle Gruppen gefunden haben.

Nr.
193

10-12 Jahre

Anwendung aufs Leben

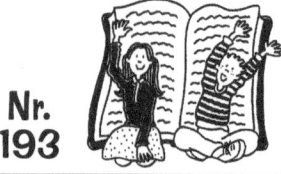

Suchen und zusammenfügen

Material-Checkliste

- ❍ große Karten
- ❍ Filzstifte

Vorbereitung

Schreiben Sie zwei oder drei Aussagen auf die Karten, die die biblische Geschichte zusammenfassen oder ihre Umsetzung in unserem Leben beinhalten. Auf jede Karte wird ein kurzer Teil des Satzes geschrieben (siehe Abb.).

Erstellen Sie ein Set der Karten für jedes Team von drei oder vier Kindern. Verstecken Sie die Karten im Raum.

Spielablauf

Teilen Sie die Gruppe in Teams von drei oder vier Kindern ein. Diese suchen die versteckten Karten und bemühen sich, jede Aussage zusammenzufügen. (Jede Mannschaft sollte zwei oder drei komplette Aussagen haben.) Die Teams können die Karten, die sie nicht gebrauchen können, mit den anderen Teams tauschen. Das Team, das als Erstes die Aussagen zusammengefügt hat und sie laut vorliest, hat gewonnen.

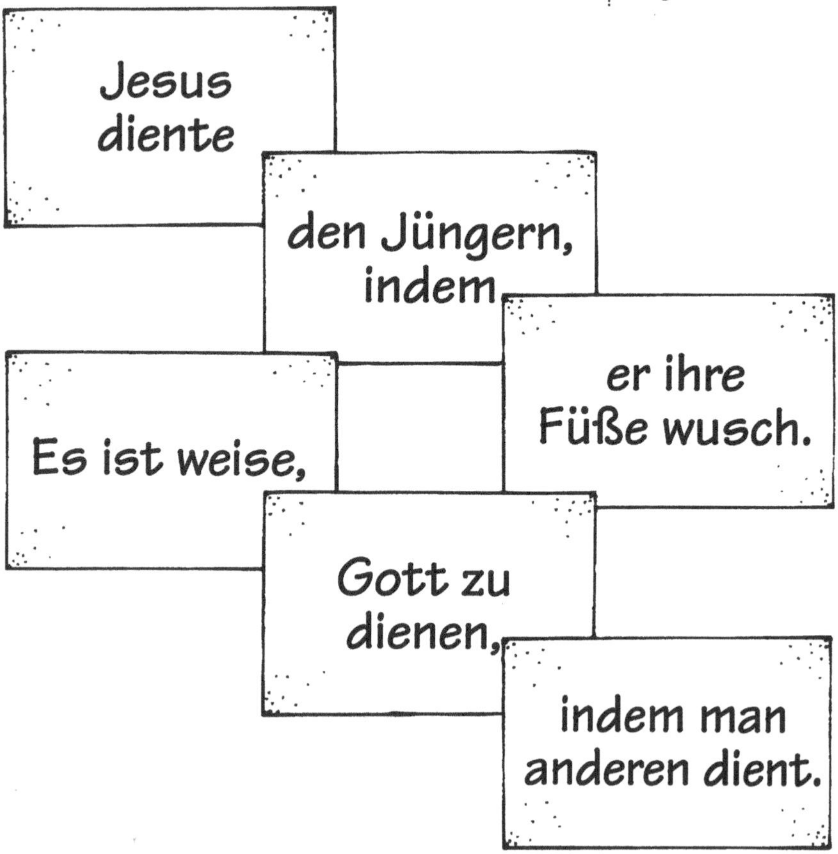
Jesus diente
den Jüngern, indem
er ihre Füße wusch.
Es ist weise,
Gott zu dienen,
indem man anderen dient.

Kästchen-Rätsel

Material-Checkliste

- ○ Karo- oder Millimeterpapier
- ○ Lineale
- ○ Stifte

Vorbereitung

Erstellen Sie eine Kästchen-rätselvorlage mit 20 oder weniger senkrechten Spalten.

Spielablauf

Teilen Sie die Gruppe in Teams von zwei oder drei Kindern ein. Jedes Team erhält eine Kopie des Kästchenrätsels und einen Stift. Bitten Sie die Kinder, die mittlere Spalte zu finden und darüber eine 0 zu schreiben. Über die Spalte rechts daneben wird eine 5, 10, 15 und so weiter geschrieben. Von der Spalte 0 nach links schreiben die Kinder eine 1, 2, 3 und so weiter. (Aus Zeitgründen könnten die Zahlen von Ihnen schon eingetragen worden sein.)

Jedes Team soll ein Schlüssel-wort der Stunde in die mittlere Spalte schreiben, zum Beispiel »glauben«, »ermutigen« etc. Waagerecht werden nun Wörter eingetragen, die entweder in der Stunde vorkamen, aus einer bib-lischen Geschichte oder einem Bibelvers stammen. Jedes Wort muss einen Buchstaben aus Spalte 0 beinhalten.

Lange Wörter zählen mehr als kurze, denn jeder Buchstabe bringt Punkte. Da auf der rech-ten Seite des Kreuzworträtsels mehr Punkte erzielt werden, sollte man eher Wörter nehmen, die mit einem Buchstaben des Schlüsselwortes beginnen.

Die Teams dürfen ein »neutra-les« Wort benutzen, wenn sich an einer Stelle kein biblisches finden lässt. Ist die Zeit um, zählen die Teams ihre Punkte. (Das Beispiel in der Zeichnung ergibt 377 Punkte.)

9	8	7	6	5	4	3	2	1	0	5	10	15	20	25	30	35	40	45	50
									G	E	H	O	R	S	A	M			
									L	I	E	B	E						
		V	E	R	T	R	A	U	E	N								
				F	R	E	U	D	E									
						B	R	U	D	E	R							
					G	E	L	D										
						N	A	M	E									

Nr. 195

Lösungen

Material-Checkliste

- ⭘ Karten
- ⭘ Papier
- ⭘ Stifte
- ⭘ Umschlag

a) Karten

Katrin	Nils
Park	Kirche
Geld	Gruß-karte

b) Liste

Personen	Orte	Gegen-stände
Katrin	zu Hause	Grußkarte
Nils	Promenade	Jacke
Lisa	Cafeteria	Essen
Jonas	Park	Fahrrad
Simon	Schulbus	Buch
Sophie	Kirche	Geld

Vorbereitung

Keine

Spielablauf

Teilen Sie die Gruppe in Teams von zwei bis vier Spielern ein. Jedes Team erhält sechs Karten und einen Stift. Jedes Team schreibt zwei Wörter pro Kategorie auf die Karten:

Namen aus dem Team; Orte, an denen jemand Gott gehorchen kann; Gegenstände, die man benutzen könnte, wenn man Gottes Willen tut (Abb. a).

Anschließend werden die Karten nach Kategorien geordnet. Lesen Sie jede Karte laut vor und ein Spieler pro Team notiert die Wörter in einer Liste.

Nehmen Sie eine Karte jeder Kategorie weg und stecken diese in den Umschlag. (Die Teams sollen später raten, welche drei Karten sich im Umschlag befinden.)

Mischen Sie die restlichen Karten und teilen Sie die gleiche Anzahl an jedes Team aus. Die Mannschaften schauen sich ihre Karten an und streichen diese Wörter von ihrer Liste, da diese sich nicht im Umschlag befinden.

Das Spiel beginnt, indem ein Spieler von Team eins rät, welche Karten sich im Umschlag befinden. Dazu formuliert er einen Satz, in dem die Begriffe vorkommen, die er im Umschlag vermutet. Beispiel: »*Wir glauben, Sophie tat Gottes Willen, indem sie ihr Essen in der Cafeteria mit jemand teilte, der großen Hunger hatte und sich in dem Moment nichts kaufen konnte.*« Team zwei zeigt darauf hin Team eins eine Karte, die beweist, dass sie falsch geraten haben, zum Beispiel die Karte »Essen«. Team eins streicht das Wort »Essen« aus seiner Liste. Team zwei rät nun und Team drei zeigt ihnen eine Karte. Kann das Team, das die Karte zeigen muss, nicht beweisen, dass falsch geraten wurde, sagt es: »*Wir können euch nicht helfen.*« Ein anderes Team muss daraufhin mit einer Karte zeigen, dass das Team nicht richtig geraten hat. Kann dies aber kein Team, hat die ratende Mannschaft die drei Karteikarten im Umschlag gefunden. Wer als Erstes richtig rät, hat gewonnen.

Person, Ort, Gegenstand

Material-Checkliste

- ○ 3 Schuhkartons
- ○ Zettel
- ○ Stift
- ○ Filzstift
- ○ Gegenstände, z.B.: Babyrassel, Plastikblume, Notizblock, Keksdose, Geldbörse, Schlüssel, Löffel

Vorbereitung

Schreiben Sie auf die Kartons »Person«, »Ort« und »Gegenstand«.

Notieren Sie auf die Zettel verschiedene Personen, zum Beispiel »Mutter«, »Vater«, »Jugendlicher«, »12-jähriger Junge«, »12-jähriges Mädchen«, »Baby«. Erstellen Sie für jeden in der Gruppe einen Zettel mit einer Person darauf. Diese legen Sie in den Karton mit »Person«.

Schreiben Sie auf andere Zettel verschiedene Orte, zum Beispiel »zu Hause«, »Schule«, »Kaufhaus«, »Krankenhaus«, »Restaurant«, »Park«, »Bus«. Für jeden in der Gruppe sollte ein Ort zur Verfügung stehen. Diese Zettel werden in den Karton mit der Aufschrift »Ort« gelegt. Die Gegenstände kommen in den entsprechenden Karton.

Spielablauf

Teilen Sie die Gruppe in Teams von je drei Kindern ein. Jedes Team nimmt sich einen Zettel aus dem »Personen-Karton«, einen aus dem Karton mit der Aufschrift »Ort« und einen Gegenstand. Die Teams bekommen fünf Minuten Zeit, um sich eine Szene auszudenken, in der die Begriffe von den Zetteln und der Gegenstand vorkommen. Die Szene sollte außerdem vermitteln, wie man Liebe üben kann. Jedes Team führt der Gruppe seine Szene vor.

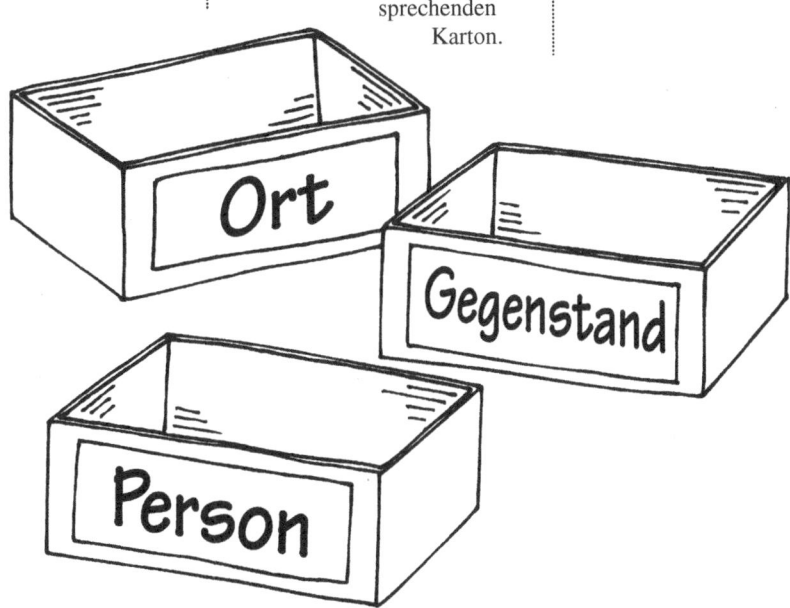

Malen und raten

Material-Checkliste

○ Tafel und Kreide

○ Papier und Stifte

○ Stoppuhr

Vorbereitung

Keine

Spielablauf

Teilen Sie die Gruppe in zwei Mannschaften. Die Mannschaften überlegen verschiedene Möglichkeiten, wie man Gottes Liebe weitergeben kann. Die Möglichkeiten werden jeweils auf einen Zettel geschrieben.

Ein Spieler der gegnerischen Mannschaft zieht nun irgendeinen Zettel, liest ihn durch und versucht, an der Tafel die beschriebene Situation zu zeichnen. Seine Mannschaft muss raten, um was es sich handelt.

Die Teams wechseln sich mit Malen und Raten ab, bis jede Idee gezeichnet wurde. Der Mitarbeiter stoppt die Zeit, die jedes Team benötigt, um zu raten und notiert die Zeiten. Die Mannschaft, die am wenigsten Zeit benötigte, um die Zeichnungen zu erraten, hat gewonnen.

Zwei-Karton-Szenen

Material-Checkliste

- ○ 2 Kartons
- ○ einige Gegenstände, die als Requisiten verwendet werden können: Uhr, Autoschlüssel, Fußball, Geldbörse, Telefon etc.
- ○ 5 Zettel
- ○ Stift

Vorbereitung

Suchen Sie einige Bibelverse heraus, die die Kinder kürzlich auswendig gelernt haben. Schreiben Sie immer einen Vers auf jeden Zettel. Diese werden in einen der Kartons gelegt. In den anderen Karton kommen die Gegenstände.

Spielablauf

Die Kinder kommen paarweise nach vorne, nehmen zwei Requisiten und einen Zettel aus den Kartons. Die beiden versuchen nun, spontan eine Szene zu spielen, wie man den Bibelvers, der auf ihrem Zettel steht, im Alltag umsetzen kann.

Beispiel: Ein Paar zieht die Geldbörse, die Uhr und einen Vers über Vergebung. Ein Spieler schaut nervös auf die Uhr und wartet auf seinen Vater, der um 17.00 Uhr nach Hause kommt. Der Vater nimmt die Börse heraus und fragt sich, warum das Geld fehlt. Der Sohn gesteht den Diebstahl und bittet um Vergebung.

Nach jeder Szene versucht die Gruppe herauszufinden, welcher Vers dargestellt wurde.

10-12 Jahre

Anwendung aufs Leben

Nr. 199

Aus dem Karton

Material-Checkliste

○ Karton

○ Gegenstände (siehe Beispiel)

Vorbereitung

Legen Sie die Gegenstände in den Karton.

Spielablauf

Die Kinder nehmen nacheinander einen Gegenstand aus dem Karton. Zu den einzelnen Gegenständen sollen die Kinder Situationen beschreiben, in denen jemand etwas Gutes tut oder sich richtig verhält.

Beispiele:

- Stift - Jemandem einen Brief schreiben.
- Münze - Jemandem Geld geben (spenden), der Hilfe braucht.
- Bilderbuch - Einem kleinen Kind vorlesen.
- Geschenkpapier - Jemandem ein Geschenk machen.
- Handtuch - Das Geschirr abtrocknen, ohne dazu aufgefordert zu werden.
- Gabel oder Löffel - Den Tisch decken.
- Bibel - Gottes Wort lesen oder einem Freund davon erzählen.
- Notizblock - Jemandem danke sagen, der etwas Besonderes für einen getan hat.
- Brille - Nach anderen schauen, die Hilfe brauchen.
- Familienfoto - Gott für die danken, die einen lieben.
- Müllbeutel - Zu Hause oder in der Gemeinde helfen, sauber zu machen.

Auf die Plätze, fertig, los!

Material-Checkliste

◯ Zettel und Stifte

◯ Bibeln nach Anzahl der Kinder (einheitliche Übersetzung)

Vorbereitung

Das Rätsel nach Anzahl der Kinder kopieren, Stifte und Bibeln in gleicher Übersetzung für die Kinder bereithalten.

Spielablauf

Das kopierte Rätsel »Gott ist vollkommen«, Stifte und Bibeln an die Kinder austeilen.

Die Bibeln liegen vor jedem Kind auf dem Tisch. Wer schafft es zuerst, in der Bibel nachzuschlagen und alle fehlenden Versangaben aufzuschreiben? Der Mitarbeiter gibt das Kommando: »Auf die Plätze, fertig, los!«

Alternative

Der Mitarbeiter bildet zwei Teams, die sich hintereinander aufstellen. Im Abstand von ca. drei Metern steht ein Stuhl für jedes Team. Auf der Sitzfläche liegt jeweils Bibel, Rätsel und Stift. Nach dem Startzeichen laufen die ersten Kinder los, suchen in der Bibel die richtige Versangabe und tragen sie auf dem Rätselblatt ein. Dann laufen sie zurück und die Nächsten aus den Teams sind dran. Die Gruppe ist Sieger, die als Erste alle Versangaben richtig hat.

Anschließend mit den Kindern über die Vollkommenheit Gottes ins Gespräch kommen. Der Mitarbeiter ermutigt sie, sich zu äußern, welche Auswirkungen das auf ihren Glauben hat.

Gott ist vollkommen

In welchem Vers steht ...

1 Sein Tun ist vollkommen.   5. Mose 32 Vers ___

2 Sein Weg ist vollkommen.   2. Samuel 22 Vers ___

3 Sein Wissen ist vollkommen.   Hiob 37 Vers ___

4 Sein Gesetz ist vollkommen.   Psalm 19 Vers ___

5 Sein Wille ist vollkommen.   Römer 12 Vers ___

6 Seine Liebe ist vollkommen.   1. Johannes 2 Vers ___

7 Er selbst ist vollkommen.   Matthäus 5 Vers ___

Kommst du mit auf Entdeckertour?

Ein Buch für Entdecker – mit ausführlichen Erklärungen zu jedem Buch der Bibel:

* Wer hat das Buch geschrieben?
* Wo finde ich es?
* Worum geht's in diesem Buch?
* Wo und wann geschah das alles?
* Was steht in dem Bibelbuch über Jesus?

Außerdem: mit Begriffslexikon, vielen Karten und Bildern, Informationen zu archäologischen Erkenntnissen u. v. m.

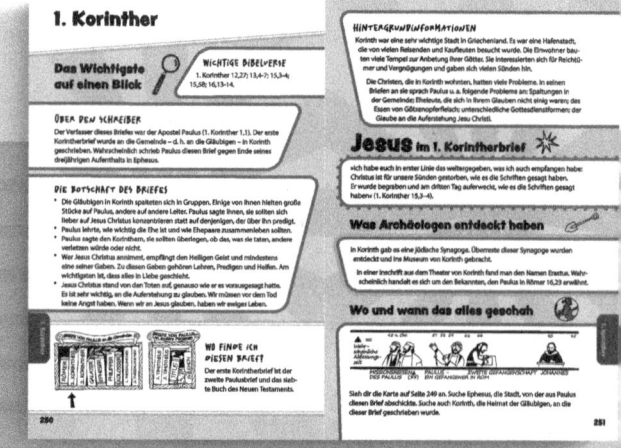

Gb., 352 S., 15 × 22,5 cm
Best.-Nr. 275068
ISBN 978-3-98963-068-0